# ぐーんっとやさしく

## 中3英語

JN098610

**ゴータ**
見習い魔法使い。魔法の呪文に必要な英語を勉強中。

**エイミー**
ゴータと同じ見習い魔法使い。英語は少しだけできる。

**師匠**
見習いの2人の師匠。魔法も英語も使いこなす。

→ここから読もう！

① 英語のテストの点数が全然とれないよ…
3年生の英語難しい…

② どうしよう…

③ やれやれ
師匠…！

④ 3年生になって英語がまたわからなくなっちゃったよ〜
ビエ
まあ予想はしておったよ

⑤ さあ、もう準備はできておるのか？
？

⑥ 修行じゃ！ワープするぞ！
修行か…！
よーし！がんばるぞ！

# 本書の使い方

**授業と一緒に**

テスト前の学習や，授業の復習として使おう*!*

**入試対策の前に**

中学３年の復習に。苦手な部分をこれで解消*!!*

左の まとめページ と，右の 問題ページ で構成されています。

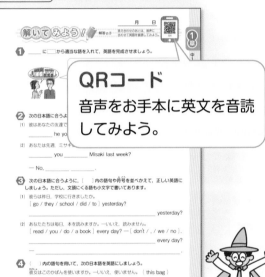

**QRコード**
音声をお手本に英文を音読してみよう。

**要点整理**
この単元で勉強することをまとめているよ。

確認テスト & 章末まとめ
章ごとに「確認テスト」があります。章末の「○章のまとめ」でその章で習ったことをバッチリ最終確認！

**別冊解答** 解答は本冊の縮小版になっています。

赤字で解答を入れているよ。

## 音声の再生方法

**①スマートフォン・タブレットで手軽に再生**
・見開きページに１つ，QR コードを掲載しています。
・紙面上の QR コードを読みとり，表示される URL にアクセスするだけで，手軽に音声を再生できます。

**②無料音声再生アプリ [SigmaPlayer2]**

お持ちのスマートフォンやタブレットにインストールすると，本書の問題や解答の英文の音声を聞くことができます。
通信使用料は別途必要です。

**③音声ダウンロード**
文英堂Webサイトより，音声ダウンロードも可能です。
下記 URL にアクセスし，「サポート」ページをご覧ください。
www.bun-eido.co.jp

# 中1・2の復習

　3人が最初に来たのは，思い出の森。そこで，しゃべる大木に出会う。1・2年生で学んだ内容に自信がなさそうなエイミーとゴータを見て，「中1・2の復習」を手伝ってくれるという。エイミーとゴータは，学んできたことをしっかりと思い出し，しゃべる大木から魔法の手帳をもらうことができるのか…？

# be動詞の現在の文

be動詞 am, are, is を主語によって使い分けよう！

**ここが カギ！**

「〜は…です」というときには，主語のあとに **be動詞**を置きます。そして be 動詞の後ろには，**感情や状態を表す形容詞や名詞**などが続きます。

I am Ken. （私はケンです。）
　　└ be動詞 ┘

She is happy. （彼女は幸せです。）
　　　└ be動詞 ┘

I「私」= Ken「ケン」ということだね！

**ここが カギ！**

be動詞には **am・are・is** の３つがあり，これらを主語によって使い分けます。
それぞれ，**主語と合わせて短くする**こともできます。

| | 単数 | | | 複数 | |
|---|---|---|---|---|---|
| 主語 | be動詞 | 短くした形 | 主語 | be動詞 | 短くした形 |
| I「私」 | am | I'm | we「私たち」 | are | we're |
| you「あなた」 | are | you're | you「あなたたち」 | are | you're |
| he「彼」<br>she「彼女」<br>it「それ」 | is | he's<br>she's<br>it's | 「彼ら」<br>they「彼女たち」<br>「それら」 | are | they're |

主語によって使い分けるのじゃ！

主語が複数なら，are だね！

解いてみよう！

解答 p.2

答え合わせのあとは，音声に
合わせて英語を音読してみよう。

**1** 次の日本語に合うように，＿＿＿＿ に□から適当な語を入れて，英語を完成させましょう。

(1) 私はマユです。

I ＿＿＿＿＿＿ Mayu.

(2) 彼は私の友達です。

He ＿＿＿＿＿＿ my friend.

are

is

was

am

**2** 次の日本語に合うように，＿＿＿＿ に適当な語を書きましょう。

(1) あなたたちは生徒です。

You ＿＿＿＿＿＿ students.

(2) 彼女は私の先生です。

＿＿＿＿＿＿ ＿＿＿＿＿＿ my teacher.

**3** 次の日本語に合うように，[　　]内の語を並べかえて，正しい英語にしましょう。ただし，文頭にくる語も小文字で書いてあります。

(1) あなたは福岡出身です。 [ are / from / you ] Fukuoka.

＿＿＿＿＿＿＿＿＿＿＿＿＿＿＿＿＿＿＿＿＿＿＿＿＿＿＿＿ Fukuoka.

(2) 彼らは私の友達です。 [ friends / they / my / are ].

＿＿＿＿＿＿＿＿＿＿＿＿＿＿＿＿＿＿＿＿＿＿＿＿＿＿＿＿＿＿.

**4** (　　)内の語句を用いて，次の日本語を英語にしましょう。

(1) それは教科書です。 ( a textbook )

＿＿＿＿＿＿＿＿＿＿＿＿＿＿＿＿＿＿＿＿＿＿＿＿＿＿＿＿＿＿＿＿

(2) 私たちは野球ファンです。 ( baseball fans )

＿＿＿＿＿＿＿＿＿＿＿＿＿＿＿＿＿＿＿＿＿＿＿＿＿＿＿＿＿＿＿＿

ステージ

# 2

中1・2の復習②

# 一般動詞の現在の文

語順や，主語が3人称単数のときの動詞の形に注意しよう！

**ここがカギ！**
「〜します」というときは，〈主語＋一般動詞（＋目的語）〉の語順で表します。
動詞によって，目的語（〜を，〜に）がいらない場合もあります。

You speak English.（あなたは英語を話します。）
主語　一般動詞　目的語

主語の後ろに「〜する」を表す一般動詞を置くのじゃ！

I run .（私は走ります。）
主語　一般動詞

**ここがカギ！**
現在の文では，**主語がhe「彼」やshe「彼女」など（3人称単数）**のときは，
一般動詞を**最後にs [es] がついた形（3人称単数現在形）**にする必要があります。

She reads a book.
（彼女は本を読みます。）

主語が He や She のときは，s がつく！

主語がweやtheyなど複数の場合は，動詞は原形（もとの形）を使います。
例 They read a book.（彼ら [彼女たち] は本を読みます。）

 思い出そう

## 動詞の3人称単数現在形の作り方

| sだけつける | esをつける | yをiにかえてesをつける | 不規則に変化 |
|---|---|---|---|
| like | go | study | have |
| 「〜が好きだ」 | 「行く」 | 「〜を勉強する」 | 「〜を持っている」 |
| ↓ | ↓ | ↓ | ↓ |
| likes | goes | studies | has |

## 解いてみよう！

解答 p.2

答え合わせのあとは，音声に
合わせて英語を音読してみよう。

**1** 次の日本語に合うように，＿＿＿＿ に◯◯から適当な語を入れて，英語を完成させましょう。

(1) 私たちは学校に行きます。

　　We ＿＿＿＿＿＿ to school.

(2) 彼女は音楽が好きです。

　　She ＿＿＿＿＿＿ music.

go　goes　like　likes

**2** 次の英語を，あとの（　　）内の指示にしたがって書きかえましょう。

(1) I watch TV every day.（下線部を He にかえて）

　　He ＿＿＿＿＿＿ TV every day.

(2) You study English at school.（下線部を Mary にかえて）

　　Mary ＿＿＿＿＿＿ English at school.

**3** 次の日本語に合うように，［　　］内の語を並べかえて，正しい英語にしましょう。ただし，文頭にくる語も小文字で書いてあります。

(1) 彼らは土曜日にサッカーを練習します。
　　［ practice / they / soccer ］ on Saturdays.

　　＿＿＿＿＿＿＿＿＿＿＿＿＿＿＿＿＿＿＿＿ on Saturdays.

(2) 彼女はネコを3匹飼っています。　［ cats / has / three / she ］.

　　＿＿＿＿＿＿＿＿＿＿＿＿＿＿＿＿＿＿＿＿ .

**4** （　　）内の語句を用いて，次の日本語を英語にしましょう。

(1) トムは公園で走ります。（ Tom, in the park ）

　　＿＿＿＿＿＿＿＿＿＿＿＿＿＿＿＿＿＿＿＿

(2) あなたたちは教室を掃除します。（ your classroom ）

　　＿＿＿＿＿＿＿＿＿＿＿＿＿＿＿＿＿＿＿＿

# 過去の文

過去の文を作るときは動詞の形を変化させよう！

**ここがカギ！** be動詞を使った過去の文では，am・isの代わりに**was**，areの代わりに**were**を使います。

I was a student.
amの過去形 （私は生徒でした。）

You were a student.
areの過去形 （あなたは生徒でした。）

am / is → was
are → were と
変化するよ！

**ここがカギ！** 一般動詞の過去の文でも，動詞の形を変化させる必要があります。**過去形**は動詞によって**作り方が異なります**。

He played soccer yesterday.
playの過去形
（彼は昨日，サッカーをしました。）

● 一般動詞の過去形の作り方

| 作り方 | もとの形→過去形 |
| --- | --- |
| edをつける | play「（スポーツなど）をする」→ played |
| dをつける | use「〜を使う」→ used |
| yをiにかえてedをつける | study「〜を勉強する」→ studied |
| 最後の文字を重ねてedをつける | stop「〜を止める」→ stopped |
| 不規則に変化 | come「来る」→ came |
| | go「行く」→ went |
| | eat「〜を食べる」→ ate |
| | read「〜を読む」→ read |
| | [リード] [レッド] |

## 解いてみよう！

解答 p.2　　答え合わせのあとは，音声に
合わせて英語を音読してみよう。

**1** 次の日本語に合うように，＿＿＿＿ に▢から適当な語を入れて，英語を完成させましょう。

(1) 私は3年前にカナダに行きました。

I ＿＿＿＿＿＿ to Canada three years ago.

(2) 私はそのとき10歳（さい）でした。　　そのとき＝at that time

I ＿＿＿＿＿＿ ten years old at that time.

| go | went | am | was |

**2** 次の日本語に合うように，＿＿＿＿ に適当な語を書きましょう。

(1) あなたは先週，このコンピューターを使いました。

You ＿＿＿＿＿＿ this computer last week.

(2) アキコは3日前，私の家に来ました。

Akiko ＿＿＿＿＿＿ to my house three days ago.

**3** 次の日本語に合うように，[ 　 ] 内の語句を並べかえて，正しい英語にしましょう。ただし，文頭にくる語も小文字で書いてあります。

(1) 私たちは台所にいました。 [ the kitchen / were / in / we ].

＿＿＿＿＿＿＿＿＿＿＿＿＿＿＿＿＿＿＿＿＿＿＿＿＿＿＿＿ .

(2) 彼女（かのじょ）は先月ブラジルに行きました。
[ to / she / went / last month / Brazil ].

＿＿＿＿＿＿＿＿＿＿＿＿＿＿＿＿＿＿＿＿＿＿＿＿＿＿＿＿ .

**4** ( 　 ) 内の語句を用いて，次の日本語を英語にしましょう。

(1) 彼らは電車で本を読みました。 ( books, on the train )

＿＿＿＿＿＿＿＿＿＿＿＿＿＿＿＿＿＿＿＿＿＿＿＿＿＿＿＿

(2) 彼は昨夜，英語を勉強しました。 ( last night )

＿＿＿＿＿＿＿＿＿＿＿＿＿＿＿＿＿＿＿＿＿＿＿＿＿＿＿＿

# 否定文

否定文を作るときは，notの位置に注意しよう！

**ここがカギ！** be動詞の文を否定文にするときは，**be動詞の後ろにnot**を置きます。be動詞とnotを合わせて短くした形も覚えておきましょう。

---

I am **not** in Japan. （私は日本にいません。）

He was **not** in Japan. （彼は日本にいませんでした。）

● 短くした形

is not → isn't        are not → aren't

was not → wasn't        were not → weren't

---

**ここがカギ！** 一般動詞の否定文は，動詞の前に**do not / does not / did not**のいずれかを置きます。どの場合も，動詞は必ず**原形（もとの形）**にします。

---

**現在の文**

I **do not** play the guitar.

　don't　もとの形

（私はギターを演奏しません。）

He **does not** play the guitar.

　doesn't　もとの形

（彼はギターを演奏しません。）

主語が He や She なら，does not だね！

**過去の文**

He **did not** play the guitar.

　didn't　もとの形

（彼はギターを演奏しませんでした。）

過去の否定文では，主語が何であっても did not！

---

## 解いてみよう！

解答 p.2

答え合わせのあとは，音声に
合わせて英語を音読してみよう。

304

**1** 次の日本語に合うように，_____ に □ から適当な語を入れて，英語を完成させましょう。

(1) マークはバスケットボールの選手ではありません。

Mark _____ a basketball player.

(2) 彼は昨日，バスケットボールをしませんでした。

He _____ play basketball yesterday.

wasn't　isn't　doesn't　didn't

**2** 次の日本語に合うように，_____ に適当な語を書きましょう。

(1) 彼らは生徒ではありません。

They _____ _____ students.

(2) 私たちは花屋に行きませんでした。　　　　　　　　　　　花屋＝flower shop

We _____ _____ _____ to the flower shop.

**3** 次の日本語に合うように，[　　]内の語句を並べかえて，正しい英語にしましょう。ただし，文頭にくる語も小文字で書いてあります。

(1) 私は昨夜，星を見ませんでした。

[ not / the stars / I / did / see ] last night.

_____ last night.

(2) あなたたちは東京にいませんでした。　[ Tokyo / were / you / in / not ].

_____ .

**4** (　　)内の語句を用いて，次の日本語を英語にしましょう。

(1) 私は先週，沖縄にいませんでした。　( Okinawa, last week )

_____

(2) ジョンはコンピューターを持っていません。　( John, a computer )

_____

# 疑問文

be動詞の文と一般動詞の文で，疑問文の形の違いに注意しよう！

be動詞の文を疑問文にするときは，**be動詞**を主語の前に置きます。答えるときも**be動詞**を使って答えます。

ふつうの文 　**You are Japanese.**

（あなたは日本人です。）

疑問文 　**Are you Japanese?** （あなたは日本人ですか。）

be動詞　　主語

答え方 　**Yes, I am.** （はい，そうです。）

**No, I am not.** （いいえ，そうではありません。）

一般動詞の文を疑問文にするときは，**Do / Does / Did**のいずれかを文のはじめに置きます。そのとき，動詞は必ず**原形（もとの形）**にします。

現在の文

**Do you play tennis?**

（あなたはテニスをしますか。）

**Does he play tennis?**

（彼はテニスをしますか。）

> 主語が he や she のときは Does！

過去の文

**Did he play tennis yesterday?**

（彼は昨日，テニスをしましたか。）

— **Yes, he did.** （はい，しました。）

— **No, he did not.** （いいえ，しませんでした。）

> 動詞は必ず もとの形じゃ！

解いてみよう！　　解答 p.3

答え合わせのあとは，音声に
合わせて英語を音読してみよう。

**1** ＿＿＿＿ に □ から適当な語を入れて，英語を完成させましょう。

(1)　Do you go to the supermarket every day?

　　— Yes, ＿＿＿＿＿＿ ＿＿＿＿＿＿ .

(2)　Was he in the supermarket?

　　— No, ＿＿＿＿＿＿ ＿＿＿＿＿＿ .

| I　he　wasn't　do |
| --- |

**2** 次の日本語に合うように，＿＿＿＿ に適当な語を書きましょう。

(1)　彼はあなたの友達ですか。—はい，そうです。

　　＿＿＿＿＿＿ he your friend? — Yes, ＿＿＿＿＿＿ ＿＿＿＿＿＿ .

(2)　あなたは先週，ミサキに会いましたか。—いいえ，会っていません。

　　＿＿＿＿＿＿ you ＿＿＿＿＿＿ Misaki last week?

　　— No, ＿＿＿＿＿＿ ＿＿＿＿＿＿ .

**3** 次の日本語に合うように，[　　]内の語句や符号を並べかえて，正しい英語にしましょう。ただし，文頭にくる語も小文字で書いてあります。

(1)　彼らは昨日，学校に行きましたか。

　　[ go / they / school / did / to ] yesterday?

　　＿＿＿＿＿＿＿＿＿＿＿＿＿＿＿＿＿＿＿＿＿＿＿＿＿ yesterday?

(2)　あなたたちは毎日，本を読みますか。—いいえ，読みません。

　　[ read / you / do / a book ] every day? — [ don't / , / we / no ].

　　＿＿＿＿＿＿＿＿＿＿＿＿＿＿＿＿＿＿＿＿＿＿＿＿＿ every day?

　　— ＿＿＿＿＿＿＿＿＿＿＿＿＿＿＿＿＿＿＿＿＿＿＿＿＿ .

**4** (　　)内の語句を用いて，次の日本語を英語にしましょう。

彼女はこのかばんを使いますか。—いいえ，使いません。( this bag )

＿＿＿＿＿＿＿＿＿＿＿＿＿＿＿＿＿＿＿＿＿＿＿＿＿＿＿＿＿＿＿

**1** 次の（　）内から適当な語を選んで，□□に書きましょう。（4点×4）

(1)　I（ am / is ）Satoshi.

>ステージ **1**

(2)　He（ write / writes ）a letter.

>ステージ **2**

(3)　We（ were / was ）in the garden.　　garden＝庭

>ステージ **3**

(4)　（ Do / Does ）you speak Spanish?

Spanish＝スペイン語

>ステージ **5**

**2** 次の日本語に合うように，＿＿に入る適当な語を□□に書きましょう。（5点×5）

(1)　あなたは私の生徒です。
　　＿＿＿＿ ＿＿＿＿ my student.

>ステージ **1**

(2)　私たちは学校で昼食を食べました。
　　We ＿＿＿＿ lunch at school.

>ステージ **3**

(3)　私の弟は早く起きません。
　　My brother ＿＿＿＿ ＿＿＿＿ get up early.

>ステージ **4**

(4)　彼（かれ）らはテニスの選手ですか。
　　＿＿＿＿ they tennis players?

>ステージ **5**

(5)　((4)に答えて)いいえ，そうではありません。
　　No, they ＿＿＿＿.

>ステージ **5**

16

**3** 次の日本語に合うように，[　　]内の語句を並べかえて，正しい英語にしましょう。ただし，文頭にくる語も小文字で書いてあります。(6点×4)

(1) それは私のお気に入りの人形です。　　　　　　　　お気に入りの＝favorite　人形＝doll

[ it's / doll / my / favorite ].

_____. ステージ **1**

(2) あなたは毎日コーヒーを飲みます。

[ coffee / every day / drink / you ].

_____. ステージ **2**

(3) ブラウンさんは部屋にいませんでした。

[ was / in / Mr. Brown / his room / not ].

_____. ステージ **4**

(4) 彼は昨日，動物園に行きましたか。　　　　　　　　動物園＝zoo

[ he / yesterday / go / did / the zoo / to ]?

_____? ステージ **5**


**4** 次の英語を日本語にしましょう。(7点×5)

(1) Mary is a kind girl.　　　　　　　　　　　　　kind＝親切な

[　　　　　　　　　　　　　　　　　　　　　　　] ステージ **1**

(2) She likes flowers.

[　　　　　　　　　　　　　　　　　　　　　　　] ステージ **2**

(3) I studied history at school.　　　　　　　　　history＝歴史

[　　　　　　　　　　　　　　　　　　　　　　　] ステージ **3**

(4) You don't have any water.

[　　　　　　　　　　　　　　　　　　　　　　　] ステージ **4**

(5) Does he use the internet?

[　　　　　　　　　　　　　　　　　　　　　　　] ステージ **5**

17

ステージ

**1** I → am

you, we, they → are

he, she, it → is

**2** She reads a book. （彼女は本を読みます。）

> 主語が He や She なら s をつける

**3** I was a student. （私は生徒でした。）

> 過去の文では動詞を過去形にする

**4** I am not in Japan. （私は日本にいません。）

> be 動詞の後ろに not

I do not play the guitar. （私はギターを演奏しません。）

> 一般動詞の前に do not / does not / did not

**5** Are you Japanese? （あなたは日本人ですか。）

> 主語の前に be 動詞

Do you play tennis? （あなたはテニスをしますか。）

> 文のはじめに Do / Does / Did

魔法の手帳をGET！

次のラレル海の入り江へGO!

# 2章 受け身の文

復習をしてすっかり自信満々のエイミーとゴータ。次にたどり着いたのは，人魚のいるラレル海の入り江。復習はもう十分だと思っていた2人だが，人魚は「受け身の文」の復習がまだだと指摘し，2人にもう一度教えてくれることに。受け身の文の作り方などをしっかりと思い出し，金のペンダントを手に入れることはできるのか…？

# 「〜されます」

〈be動詞＋過去分詞〉で表す受け身の形を覚えよう！

**ここがカギ！**

「〜されます」という受け身の文は，〈be動詞＋過去分詞〉で表します。「…によって」というときは，最後に〈by＋動作をする人〉を続けます。

ふつうの文
ペンが主役！
受け身の文

ユウスケが「使っている」
ペンが「使われる」

Yusuke uses this pen . （ユウスケはこのペンを使います。）

This pen is used by Yusuke. （このペンはユウスケによって使われます。）

be動詞＋過去分詞　　by＋動作をする人

過去分詞の作り方はP.22を見るんじゃ！

〈by＋人〉で「…によって」だね！

**ここがカギ！**

過去の文なら，be動詞をwasまたはwereにかえます。

This pen was used by Yusuke.

（このペンはユウスケによって使われました。）

過去の文ならwasかwereに！

## 解いて みよう！

解答 p.4

答え合わせのあとは，音声に
合わせて英語を音読してみよう。

____ 月 ____ 日

306

**2章** 受け身の文

**1** 次の日本語に合うように，_____ に □ から適当な語を入れて，英語を完成させましょう。

(1) この自転車はショウタによって使われます。

This bicycle _____ _____ by Shota.

(2) この建物は昨年建てられました。

This building _____ _____ last year.

is was used built

**2** 次の日本語に合うように，_____ に適当な語を書きましょう。

(1) 私たちの写真は私の父によって撮られます。

Our pictures _____ _____ by my father.

(2) その言語はこの国で話されます。　　　　　　　　　　　　　　　言語＝ language

The language _____ _____ in this country.

**3** 次の日本語に合うように，[ ]内の語を並べかえて，正しい英語にしましょう。ただし，文頭にくる語も小文字で書いてあります。

(1) この庭は私の祖母によって掃除されます。

This garden [ my / by / cleaned / is / grandmother ].

This garden _____ .

(2) この本は有名な作家によって書かれました。　　　　　　　　　　作家＝ writer

[ book / written / was / this / by ] a famous writer.

_____ a famous writer.

**4** ( )内の語句を用いて，次の日本語を英語にしましょう。

(1) このペンケースはユカによって使われます。( this pen case )

_____

(2) その映画はたくさんの人に見られました。( the movie, a lot of people )

_____

6 7 8

21

# 「〜されません」

受け身の否定文では，notの位置に注意しよう！

**ここが カギ！**

「〜され（てい）ません」という受け身の否定文を作るときは，be動詞のあとにnotを置きます。〈be動詞＋not〉の短縮形もよく使われます。

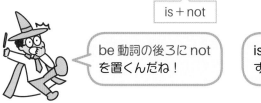

**ふつうの文** English is spoken in this country.

（この国では英語は話されています。）

**否定文** English is not spoken in this country.

（この国では英語は話されていません。）

= English isn't spoken in this country.

is + not

be動詞の後ろにnotを置くんだね！

isn't のように短くすることも多いよ！

**ここが カギ！**

よく使われる一般動詞の過去分詞を覚えておきましょう。

--- 過去形と過去分詞が同じ形 ---

use「〜を使う」 - used - used
make「〜を作る」- made - made
build「〜を建てる」- built - built

--- すべて同じ形 ---

read「〜を読む」- read - read
[リード]　　　　　　[レッド] [レッド]

--- それぞれ違う形 ---

see「〜を見る」　 - saw - seen
write「〜を書く」 - wrote - written
take「〜を撮る」 - took - taken
speak「〜を話す」- spoke - spoken
sing「〜を歌う」 - sang - sung

※原形－過去形－過去分詞を表しています。

答え合わせのあとは，音声に
合わせて英語を音読してみよう。

## 解いてみよう！　解答 p.4

**1** 次の日本語に合うように，_____ に □ から適当な語を入れて，英語を完成させましょう。

(1) この本は日本語で書かれていません。

This book _____ _____ written in Japanese.

(2) それらの雑誌はここで売られていません。　　雑誌＝magazine

Those magazines _____ sold here.

| is　are　not　aren't　isn't |
|---|

**2** 次の日本語に合うように，_____ に適当な語を書きましょう。

(1) 中国語は私の国では勉強されません。

Chinese _____ _____ studied in my country.

(2) このケーキは，私の母によって作られませんでした。

This cake _____ _____ made by my mother.

**3** 次の日本語に合うように，[　　]内の語句を並べかえて，正しい英語にしましょう。ただし，文頭にくる語も小文字で書いてあります。

(1) その歌はあの歌手によって歌われません。

[ that singer / sung / is / not / the song / by ].

_____.

(2) この机は先生によって使われませんでした。

This [ used / the teacher / was / not / desk / by ].

This _____.

**4** (　　)内の語句を用いて，次の日本語を英語にしましょう。

(1) その日記は彼によって見られませんでした。（ the diary ）

_____

(2) このリンゴはミクによって食べられませんでした。（ this apple ）

_____

受け身の疑問文

# 「～されますか」

受け身の疑問文では，be動詞を主語の前に置こう！

ここが **カギ！**

「～され（てい）ますか」という受け身の疑問文では，be動詞を主語の前に置きます。また，答えるときもbe動詞を使って答えます。

| ふつうの文 | This car is used by him. （この車は彼によって使われます。）|

| 疑問文 | Is this car used by him? （この車は彼によって使われますか。）|

be動詞　　主語　　　過去分詞

be動詞をはじめに置くのじゃ！

| 答え方 | Yes, it is. （はい，使われます。）|

No, it is not. （いいえ，使われません。）

→または No, it isn't.

ここが **カギ！**

When「いつ」などの疑問詞を疑問文のはじめに置くと，具体的なことをたずねることができます。答えるときも，**受け身の形**で答えます。

| Whenの疑問文 | When was your house built? |

（あなたの家はいつ建てられましたか。）

疑問詞は疑問文のはじめだよ！

いつ建てられたの？

| 答え方 | It was built in 2020. （それは2020年に建てられました。）|

解いて みよう！ 解答 p.4

答え合わせのあとは，音声に
合わせて英語を音読してみよう。

308

**1** 次の日本語に合うように，_____ に □ から適当な語を入れて，英語を完成させましょう。

(1) この部屋はあなたのお母さんによって掃除（そうじ）されますか。

_____ this room _____ by your mother?

(2) いいえ，掃除されません。

No, it _____ .

| Is　Was　isn't　cleaned　clean |
| --- |

**2** 次の日本語に合うように，_____ に適当な語を書きましょう。

(1) これらの車はあなたのお父さんによって洗われますか。　　　　　～を洗う＝wash

_____ these cars _____ by your father?

(2) この写真はその生徒によって撮（と）られましたか。

_____ this picture_____ by the student?

**3** 次の日本語に合うように，[　　]内の語を並べかえて，正しい英語にしましょう。
ただし，文頭にくる語も小文字で書いてあります。

(1) この国では英語は話されていますか。

[ this / spoken / English / country / in / is ]?

_____?

(2) あのいすはいつ動かされましたか。　　　　　～を動かす＝move

[ moved / that / when / chair / was ]?

_____?

**4** 次の英語を日本語にしましょう。

(1) Was this book read by her?

[　　　　　　　　　　　　　　　　　　　　　　　　]

(2) ((1)に答えて) Yes, it was.

[　　　　　　　　　　　　　　　　　　　　　　　　]

**1** 次の（　　）内から適当な語を選んで，☐に書きましょう。（4点×4）

(1) This room （ is / are / does ）cleaned by Takumi.

［☐］

▶ステージ **6**

(2) Stars （ is / am / are ）seen in the sky.

［☐］

▶ステージ **6**

(3) These books （ do / are / am ）not written in French.

French＝フランス語

［☐］

▶ステージ **7**

(4) （ Was / Were / Did ）that cup used by her?

［☐］

▶ステージ **8**

**2** 次の日本語に合うように，＿＿に入る適当な語を☐に書きましょう。（5点×5）

(1) これらのえんぴつはリカによって使われました。
These pencils ＿＿＿＿ ＿＿＿＿ by Rika.

［☐ ┊ ☐］

▶ステージ **6**

(2) ここでは英語は話されていません。
English ＿＿＿＿ ＿＿＿＿ here.

［☐ ┊ ☐］

▶ステージ **7**

(3) あのお寺はいつ建てられましたか。 お寺＝temple
＿＿＿＿ ＿＿＿＿ that temple built?

［☐ ┊ ☐］

▶ステージ **8**

(4) その歌は彼によって歌われますか。
＿＿＿＿ the song sung ＿＿＿＿ him?

［☐ ┊ ☐］

▶ステージ **8**

(5) （(4)に答えて）はい，歌われます。
Yes, ＿＿＿＿ ＿＿＿＿ .

［☐ ┊ ☐］

▶ステージ **8**

**3** 次の日本語に合うように，［　　］内の語句を並べかえて，正しい英語にしましょう。ただし，文頭にくる語も小文字で書いてあります。(6点×4)

(1) パンダは日本人によって愛されています。
［ by / are / pandas / loved / Japanese people ］.

_____ . >ステージ 6

(2) その試合は彼らによって行われませんでした。
［ them / by / the game / played / wasn't ］.

_____ . >ステージ 7

(3) これらの野菜は料理されていますか。
［ vegetables / are / cooked / these ］?

野菜＝vegetable

_____ ? >ステージ 8

(4) あの写真はどこで撮られましたか。
［ where / that / taken / picture / was ］?

_____ ? >ステージ 8

**4** 次の英語を日本語にしましょう。(7点×5)

(1) The letter was written by Kumi.
［ ］ >ステージ 6

(2) This beach is visited by many people.
beach＝ビーチ
［ ］ >ステージ 6

(3) This color isn't liked by women.
［ ］ >ステージ 7

(4) These comics were not sold in America.
comic＝マンガ
［ ］ >ステージ 7

(5) When was this watch made?
［ ］ >ステージ 8

27

**ステージ**

**6** This pen <u>is used</u> by Yusuke. （このペンはユウスケ によって使われます。）

be 動詞＋過去分詞　　by ＋動作をする人

**7** English is not spoken in this country.

be 動詞の後ろに not　（この国では英語は話されていません。）

**8** Is this car used by him?

主語の前に be 動詞　　　　（この車は彼によって使われますか。）

⤷ Yes, it is. （はい，使われます。）
⤷ No, it is not［isn't］. （いいえ，使われません。）

── 過去形と過去分詞が同じ形 ──

| 〈原形〉 | 〈過去形〉 | 〈過去分詞〉 |
|---|---|---|
| clean「〜を掃除する」 | - cleaned | - cleaned |
| cook「〜を料理する」 | - cooked | - cooked |
| study「〜を勉強する」 | - studied | - studied |
| sell「〜を売る」 | - sold | - sold |

ステージ**7** の 表と合わせて 覚えるんじゃ！

── それぞれ違う形 ──

| eat「〜を食べる」 | - ate | - eaten |
|---|---|---|
| know「〜を知っている」 | - knew | - known |
| give「〜を与える」 | - gave | - given |

**金のペンダントをGET！**

**次のhaveの 星空へGO!**

• • • • • ➡

# 3章 現在完了の文

辺りは暗くなり，空には星が浮かんでいる。ここは，haveの星空と呼ばれる場所。星をながめる３人の前にペガサスが現れ，エイミーとゴータに「現在完了の文」を教えてくれるという。〈have[has]＋過去分詞〉で表す現在完了には，いくつかの意味があるようだ。２人は現在完了を理解し，魔法の望遠鏡を手に入れることができるのか…？

# 現在完了とは

〈have[has]＋過去分詞〉で表す現在完了を学習しよう！

現在完了は〈have[has]＋過去分詞〉で表し，**過去のできごとからつながる現在の状態**についていうことができます。現在の文や過去の文とは，意味合いがかわるので注意しましょう。

過去形　I lived in Japan for three years. （私は3年間，日本に住んでいました。）

過去形が表すある一点

現在

現在完了が表す範囲

現在完了　I have lived in Japan for three years.

have　過去分詞

（私は3年間，日本に住んでいます。）

3年前も今も住んでいるということ！

現在完了には，いくつかの意味合いがあります。

**「完了」を表す現在完了**

## We have arrived at the station.
（私たちは駅に着いたところです。）

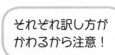

それぞれ訳し方がかわるから注意！

**「経験」を表す現在完了**

## I have eaten natto.
（私は納豆を食べたことがあります。）

主語が He や She なら，has を使うんじゃ！

**「継続」を表す現在完了**

He has practiced baseball for ten years. （彼は10年間野球を練習しています。）

**1** 次の日本語に合うように，＿＿＿に｜　｜から適当な語を入れて，英語を完成させましょう。

(1) 彼は昨年からその歌を聞いています。

He ＿＿＿＿＿ listened to the song since last year.

(2) 私はマンガを読みおえたところです。

I have ＿＿＿＿＿ reading comic books.

have　has　finish　finished

**2** 次の日本語に合うように，＿＿＿に適当な語を書きましょう。

(1) 私たちは３年間日本語を勉強しています。

We ＿＿＿＿＿ ＿＿＿＿＿ Japanese for three years.

(2) 彼女はピアノを演奏したところです。

She ＿＿＿＿＿ ＿＿＿＿＿ the piano.

**3** 次の日本語に合うように，[　]内の語を並べかえて，正しい英語にしましょう。ただし，文頭にくる語も小文字で書いてあります。

(1) 私は宿題をしおえたところです。

[ finished / I / doing / have ] my homework.

＿＿＿＿＿＿＿＿＿＿＿＿＿＿＿ my homework.

(2) 私の兄はその映画を見たことがあります。

[ my / the / seen / brother / has / movie ].

＿＿＿＿＿＿＿＿＿＿＿＿＿＿＿＿＿ .

**4** (　)内の語句を用いて，次の日本語を英語にしましょう。

(1) 私はこの話を聞いたことがあります。( this story )　　　　～を聞く＝hear

＿＿＿＿＿＿＿＿＿＿＿＿＿＿＿＿＿

(2) カナコは２年間英語を勉強しています。( Kanako, for two years )

＿＿＿＿＿＿＿＿＿＿＿＿＿＿＿＿＿

完了を表す現在完了

# 「ちょうど〜したところです」「もう〜してしまいました」

justやalreadyを使って，〈完了〉を表してみよう！

現在完了には，「(ちょうど) 〜したところです」という〈完了〉の表現があります。この場合，副詞の **just**「ちょうど」がよくいっしょに使われます。また，I've のように，主語と have を合わせて短くすることもできます。

I **have** *just* **finished** my homework.

> have　ちょうど　過去分詞　（私はちょうど宿題をおえたところです。）

= I **'ve** *just* **finished** my homework.

> I + have

just は，「ちょうど」という意味よ！

〈have[has] + (just) + 過去分詞〉の形じゃ！

同じ〈完了〉の表現で，「(もう) 〜してしまいました」という意味を表すこともでき，副詞の **already**「もう」がよくいっしょに使われます。

She **has** *already* **cleaned** her room.

> has　もう　過去分詞

（彼女はもう自分の部屋を掃除してしまいました。）

主語が He や She のときは has だよね！

**1** 次の日本語に合うように，＿＿＿に□から適当な語を入れて，英語を完成させましょう。

(1) 私はちょうど昼食を食べたところです。

I ＿＿＿＿＿ just ＿＿＿＿＿ lunch.

(2) 彼女はもう昼食を作りました。

She ＿＿＿＿＿ already ＿＿＿＿＿ lunch.

have　has　cooked　had

**2** 次の日本語に合うように，＿＿＿に適当な語を書きましょう。

(1) 彼はもう学校に着いています。

He has ＿＿＿＿＿ ＿＿＿＿＿ at school.

(2) 私はちょうど公園でテニスをしたところです。

I have ＿＿＿＿＿ ＿＿＿＿＿ tennis in the park.

**3** 次の日本語に合うように，[　]内の語を並べかえて，正しい英語にしましょう。ただし，文頭にくる語も小文字で書いてあります。

(1) 彼らはちょうど家を出たところです。

[ just / house / left / they / have / their ].

＿＿＿＿＿＿＿＿＿＿＿＿＿＿＿＿＿＿＿＿＿ .

(2) 彼女はもう宿題をおえてしまいました。

[ finished / she / homework / her / already / has ].

＿＿＿＿＿＿＿＿＿＿＿＿＿＿＿＿＿＿＿＿＿ .

**4** 次の英語を日本語にしましょう。

(1) He has already seen the answer.

[　　　　　　　　　　　　　　　　　　　]

(2) I have just met my friend on the street.　　on the street＝道で

[　　　　　　　　　　　　　　　　　　　]

# 「まだ〜していません」

yetを使って,〈完了〉を表す現在完了の否定文を作ろう！

 ここが カギ！

「まだ〜していません」というときは,〈have not [haven't]＋過去分詞〉で表します。最後には,「まだ」を表す副詞yetを置きます。

I **have** **not** **arrived** home yet.

have ／ 過去分詞 ／ まだ

（私はまだ家に到着していません。）

= I **haven't** **arrived** home yet.

have＋not

have のあとに not を置くんだね！

yet は文の最後に置くよ！

 ここが カギ！

主語がheやsheなど（3人称単数）のときは,hasの後ろにnotを置きます。has notはhasn'tと短くすることもできます。

He **has** **not** **finished** his homework yet.

has ／ 過去分詞 ／ まだ

（彼はまだ宿題をおえていません。）

= He **hasn't** **finished** his homework yet.

has＋not

has のあとに not を置くのじゃ！

**1** 次の日本語に合うように，_____ に □ から適当な語を入れて，英語を完成させましょう。

(1) 私はまだ駅に到着していません。

I _____ _____ arrived at the station yet.

(2) ケンはまだ友達に会っていません。

Ken _____ _____ his friend yet.

have　hasn't　not　haven't　met

**2** 次の日本語に合うように，_____ に適当な語を書きましょう。

(1) 私はまだそのテレビ番組を見ていません。　　　テレビ番組＝TV show

I _____ _____ _____ the TV show yet.

(2) 彼女はまだその手紙を受けとっていません。

She _____ _____ received the letter _____.

**3** 次の日本語に合うように，[　]内の語句を並べかえて，正しい英語にしましょう。ただし，文頭にくる語も小文字で書いてあります。

(1) 彼らはまだその山に登っていません。　　　　　〜に登る＝climb

[ the mountain / yet / they / not / climbed / have ].

_____ .

(2) 彼はまだ家に帰ってきていません。

[ not / home / he / come / yet / has ].

_____ .

**4** 次の英語を日本語にしましょう。

(1) Students have not used the new bicycle yet.

[

]

(2) You have not opened the present yet.

[

]

3章 現在完了の文

# 「もう〜しましたか」

yetを使って〈完了〉を表す現在完了の疑問文を作ろう！

「もう〜しましたか」といいたいときは、〈Have[Has]＋主語＋過去分詞 〜 yet?〉で表します。yetは、ここでは「もう」という意味を表します。

| ふつうの文 | You have already cleaned your car. |
（あなたはもう自分の車をきれいにしました。）

| 疑問文 | Have you cleaned your car yet ?

have　主語　過去分詞　　　　　もう

（あなたはもう自分の車をきれいにしましたか。）

文頭に Have[Has]，最後に yet じゃ！

yetは否定文では「まだ」，疑問文では「もう」という意味になります。

答えるときもhave[has]を使って答えます。

| 疑問文 | Has she made her lunch yet ?

（彼女はもう昼食を作りましたか。）

主語が she だから Has を使っているね！

| 答え方 | Yes, she has. （はい，作りました。）
No, she has not. （いいえ，作っていません。）
→または No, she hasn't.

答え合わせのあとは，音声に
合わせて英語を音読してみよう。

解答 p.6

312

**1** 次の日本語に合うように，＿＿＿＿に▢から適当な語を入れて，英語を完成させましょう。

(1) あなたはもう宿題をおわらせましたか。

　　＿＿＿＿＿ you ＿＿＿＿＿ your homework yet?

(2) いいえ，おわらせていません。

　　No, I ＿＿＿＿＿ .

| Have | Has | haven't | hasn't | finish | finished |

**2** 次の日本語に合うように，＿＿＿＿に適当な語を書きましょう。

(1) 彼らはもう学校に到着しましたか。

　　＿＿＿＿＿ they ＿＿＿＿＿ at school ＿＿＿＿＿ ?

(2) アカリはもう自分の家を出発しましたか。

　　＿＿＿＿＿ Akari ＿＿＿＿＿ her house yet?

**3** 次の日本語に合うように，[　]内の語句を並べかえて，正しい英語にしましょう。ただし，文頭にくる語も小文字で書いてあります。

(1) あなたはもうあの本を返しましたか。　　　　　　　　　　　　　　　～を返す＝return

　　[ returned / yet / that book / have / you ]?

　　＿＿＿＿＿＿＿＿＿＿＿＿＿＿＿＿＿＿＿＿＿＿＿＿＿＿＿ ?

(2) 彼はもう水を飲みましたか。

　　[ water / he / yet / drunk / has ]?

　　＿＿＿＿＿＿＿＿＿＿＿＿＿＿＿＿＿＿＿＿＿＿＿＿＿＿＿ ?

**4** 次の英語を日本語にしましょう。

(1) Have you met the new teacher yet?

　　[　　　　　　　　　　　　　　　　　　　　　　　　　　　　　　]

(2) Has she had lunch yet?

　　[　　　　　　　　　　　　　　　　　　　　　　　　　　　　　　]

**3章**

現在完了の文

# 「～したことがあります」

beforeや回数を表す語句を使って，〈経験〉を表そう！

ここが
**カギ！**
現在完了には〈完了〉のほかに，「～したことがあります」という〈経験〉の表現もあります。**before**「以前」や**経験の回数**を最後にいいます。

I **have** **eaten** *sushi before.* （私は以前，寿司を食べたことがあります。）

[ have ]  [ 過去分詞 ]  [ 以前 ]

They **have** **watched** that movie twice.
（彼らはあの映画を2回見たことがあります。）

「3回」以上は〈数＋ times〉で表すんじゃ！

● 経験の回数のいい方
1回 … once
2回 … twice
3回 … three times

ここが
**カギ！**
「～に行ったことがあります」という場合は，be動詞の過去分詞beenを使って〈have[has] been to ＋場所〉で表します。

He has been to Okinawa once.

（彼は一度，沖縄に行ったことがあります。）

「～に行ったことがある」は，
have[has] been to ～ !!

go「行く」の過去分詞
gone は使わないよ！

**1** 次の日本語に合うように，_____ に□から適当な語を入れて，英語を完成させましょう。

(1) 私は以前，サヤカに会ったことがあります。

I _____ _____ Sayaka before.

(2) 彼女<sub>かのじょ</sub>はそのお店に2回行ったことがあります。

She _____ _____ to the shop twice.

have　has　met　been

**2** 次の日本語に合うように，_____ に適当な語を書きましょう。

(1) 彼らは以前，あの曲を聞いたことがあります。

They _____ _____ to that song before.

(2) カズキは一度，その絵を見たことがあります。

Kazuki _____ _____ the picture once.

**3** 次の日本語に合うように，[　　]内の語句を並べかえて，正しい英語にしましょう。ただし，文頭にくる語も小文字で書いてあります。

(1) 私たちは以前，あの山に登ったことがあります。

[ before / climbed / we / that mountain / have ].

_____ .

(2) 彼はそのコンピューターを2回使ったことがあります。

[ used / he / the computer / twice / has ].

_____ .

**4** 次の英語を日本語にしましょう。

(1) She has been to the pet shop before.

[

]

(2) I have watched that movie three times.

[

]

3章

現在完了の文

# 「〜したことがありません」

〈経験〉の現在完了では，notの代わりにneverを使おう！

ここが
カギ！

〈経験〉を表す現在完了の否定文では，notの代わりにnever「一度も〜ない」がよく使われます。neverはnotと同じように，haveの後ろに置きます。

I have never watched this movie.

have　一度も〜ない　過去分詞

（私は一度もこの映画を見たことがありません。）

= I 've never watched this movie.

I＋have

notの代わりに
neverを置いて
「一度も〜ない」
と訳すんだね！

haveのあとに
neverを置くのじゃ！

ここが
カギ！

主語がheやsheなど（3人称単数）のときは，hasの後ろにneverを置きます。

He has never been to America.

has　一度も〜ない　過去分詞　（彼は一度もアメリカに行ったことがありません。）

「一度も〜に行ったことがない」は，
have[has] never been to 〜！！

行ったことないよ

 解いてみよう！ 解答 p.6

月　日

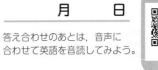

314

**1** 次の日本語に合うように，_____ に□から適当な語を入れて，英語を完成させましょう。

(1) 私たちは一度も日本に行ったことがありません。

　　We _____ never _____ to Japan.

(2) 彼は一度もお好み焼きを食べたことがありません。

　　He _____ never _____ *okonomiyaki.*

| have | has | eaten | been |
|------|-----|-------|------|

**2** 次の日本語に合うように，_____ に適当な語を書きましょう。

(1) 彼女は一度も私の家を訪ねたことがありません。

　　She _____ _____ visited my house.

(2) 私たちは一度もあの教室を使ったことがありません。

　　We _____ _____ _____ that classroom.

**3** 次の日本語に合うように，[　　]内の語を並べかえて，正しい英語にしましょう。ただし，文頭にくる語も小文字で書いてあります。

(1) 彼らは一度もアユミに会ったことがありません。

[ have / Ayumi / met / they / never ].

_____ .

(2) 私は一度もオーストラリアに行ったことがありません。

[ been / I / Australia / never / to / have ].

_____ .

**4** 次の英語を日本語にしましょう。

(1) Tom has never played the guitar.

[

]

(2) I've never talked with her.

[

]

# 「〜したことがありますか」

everを使うことや語順に注意しよう！

ここが
**カギ！**

〈経験〉を表す現在完了の疑問文は，〈Have [Has] ＋主語＋ ever ＋過去分詞 〜?〉の形がよく使われます。everは**「今までに」**という意味です。

---

ふつうの文 **You have read this book before.**

（あなたは以前，この本を読んだことがあります。）

疑問文 **Have you ever read this book?**

| have | 主語 | 今までに | 過去分詞 |

（あなたは今までにこの本を読んだこと があります。）

この read は [レッド]と読む 過去分詞だね！

Have[Has] をはじめに置い て，主語のあとに ever じゃ！

---

動詞 read「〜を読む」は，read [リード] ― read [レッド] ― read [レッド] と変化します。

ここが
**カギ！**

答えるときは，〈完了〉の現在完了のときと同じように，have[has]を使います。

---

疑問文 **Has she ever seen snow?**

かのじょ
（彼女は今までに雪を見たことがありますか。）

答え方 **Yes, she has.** （はい，あります。）
**No, she has not.**

（いいえ，ありません。）

彼女は雪を 見たことはあるの？
まだ ないの

---

疑問文のはじめに How many times を置くと，回数をたずねることができます。
例 How many times has she seen snow?（彼女は何回，雪を見たことがありますか。）

答え合わせのあとは，音声に
合わせて英語を音読してみよう。

月　　日

315

**1** 次の日本語に合うように，＿＿＿に□から適当な語を入れて，英語を完成させましょう。

(1) あなたは今までにこの動物を見たことがありますか。

＿＿＿＿＿ you ever ＿＿＿＿＿ this animal?

(2) いいえ，ありません。

No, I ＿＿＿＿＿.

| Have | Has | haven't | hasn't | see | seen |

**2** 次の日本語に合うように，＿＿＿に適当な語を書きましょう。

(1) あなたたちは今までにこの機械を使ったことがありますか。　　　機械＝machine

＿＿＿＿＿ you ＿＿＿＿＿ ＿＿＿＿＿ this machine?

(2) 彼女は今までにステージの上で踊ったことがありますか。

＿＿＿＿＿ she ＿＿＿＿＿ ＿＿＿＿＿ on the stage?

**3** 次の日本語に合うように，〔　　〕内の語句を並べかえて，正しい英語にしましょう。ただし，文頭にくる語も小文字で書いてあります。

(1) あなたは今までにこの車を運転したことがありますか。

〔 this car / have / ever / driven / you 〕?

＿＿＿＿＿＿＿＿＿＿＿＿＿＿＿＿＿＿＿＿＿＿？

(2) 彼女は何回，あのお店を訪れたことがありますか。

〔 times / she / many / visited / has / how 〕 that store?

＿＿＿＿＿＿＿＿＿＿＿＿＿＿＿＿＿＿ that store?

**4** 次の英語を日本語にしましょう。

(1) Have you ever been to America?

〔　　　　　　　　　　　　　　　　　　　　　　〕

(2) （(1)に答えて）Yes, I have.

〔　　　　　　　　　　　　　　　　　　　　　　〕

継続を表す現在完了

## 「(ずっと)～しています」

〈継続〉の現在完了では，forやsinceで期間を表そう！

 **ここがカギ！**　現在完了には〈完了〉や〈経験〉以外に，〈継続〉の表現もあります。〈継続〉の現在完了では，**期間を表す語句**がよくいっしょに使われます。

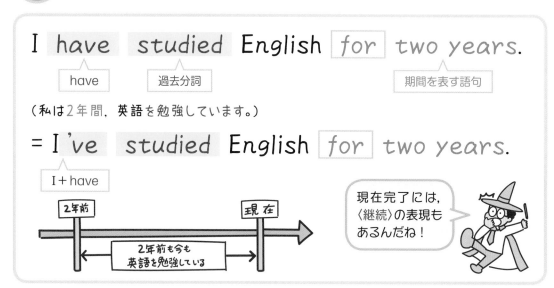

I have studied English for two years.

have　過去分詞　期間を表す語句

（私は2年間，英語を勉強しています。）

= I've studied English for two years.

I + have

2年前　　現在

2年前も今も英語を勉強している

現在完了には，〈継続〉の表現もあるんだね！

 **ここがカギ！**　期間を表すときは，for「～の間」やsince「～から，～以来」を使います。

He has been busy since yesterday.

（彼は昨日からずっと忙しいです。）

● 期間の表し方

for { a week　　　1週間
　　 five years　　5年間
　　 a long time　長い間

since { this morning　今朝から
　　　 2018　　　　　 2018年から
　　　 Monday　　　　月曜日から

期間の長さは for「～の間」，期間のはじまりは since「～から，～以来」を使おう！

# 解いてみよう！

**1** 次の日本語に合うように，_____ に□から適当な語を入れて，英語を完成させましょう。

(1)　私は2年間ピアノを習っています。

I _____ _____ the piano for two years.

(2)　彼女は昨日からずっと幸せです。

She has been happy _____ yesterday.

| learned　has　have　since　for |
| --- |

**2** 次の日本語に合うように，_____ に適当な語を書きましょう。

(1)　彼らは5年間日本語を勉強しています。

They _____ _____ Japanese _____ five years.

(2)　私の姉は2010年からアメリカにいます。

My sister _____ _____ in America _____ 2010.

**3** 次の日本語に合うように，[　　]内の語句を並べかえて，正しい英語にしましょう。ただし，文頭にくる語も小文字で書いてあります。

(1)　私は昨年から中国語を教えています。
[ taught / I / have / Chinese / since ] last year.

_____ last year.

(2)　ミカは長い間ここに住んでいます。
Mika [ here / for / lived / a long time / has ].

Mika _____ .

**4** 次の英語を日本語にしましょう。

(1)　We have practiced baseball for three years.

[ 　　　　　　　　　　　　　　　　　　　　　　　　　 ]

(2)　She has been hungry since this morning.

[ 　　　　　　　　　　　　　　　　　　　　　　　　　 ]

**3章**

現在完了の文

# 「(ずっと)~していません」

haveのあとにnotを置いて否定文にしよう！

 〈継続〉を表す現在完了の否定文は，〈have not[haven't]＋過去分詞〉で表し，「(ずっと)~していません」という意味になります。

I **have** **not** **met** her since last year.
↑have   ↑過去分詞

（私は昨年から，彼女に会っていません。）

= I **haven't** **met** her since last year.
↑have＋not

have のあとに not を置くのじゃ！

 主語がheやsheなど(3人称単数)のときは，hasのあとにnotを置きます。

She **has** **not** **eaten** anything since this morning.
↑has   ↑過去分詞

（彼女は今朝から，何も食べていません。）

= She **hasn't** **eaten** anything since this morning.
↑has＋not

anything は否定文だと，「何も~ない」という意味！

朝から何も食べてないの

グー

解いてみよう！　解答 p.7

答え合わせのあとは，音声に
合わせて英語を音読してみよう。

**1** 次の日本語に合うように，＿＿＿＿に□から適当な語を入れて，英語を完成させましょう。

(1) 彼女は先月から，自分の机を使っていません。

She ＿＿＿＿＿ used her desk since last month.

(2) 私は1週間，部屋を掃除していません。

I ＿＿＿＿＿ ＿＿＿＿＿ cleaned my room

for a week.

| have　has　hasn't　haven't　not |

**2** 次の日本語に合うように，＿＿＿＿に適当な語を書きましょう。

(1) 私は3か月間，彼に会っていません。

I ＿＿＿＿＿ ＿＿＿＿＿ him for three months.

(2) カオリは昨日から，何も料理をしていません。

Kaori ＿＿＿＿＿ ＿＿＿＿＿ ＿＿＿＿＿ anything since yesterday.

**3** 次の日本語に合うように，[　　]内の語句を並べかえて，正しい英語にしましょう。ただし，文頭にくる語も小文字で書いてあります。

(1) 私は2年間，テニスをしていません。

[ not / tennis / have / for / I / played ] two years.

＿＿＿＿＿＿＿＿＿＿＿＿＿＿＿＿＿＿＿＿＿＿＿ two years.

(2) 彼は昨夜から，何も食べていません。

[ he / anything / last night / hasn't / since / eaten ].

＿＿＿＿＿＿＿＿＿＿＿＿＿＿＿＿＿＿＿＿＿＿＿ .

**4** 次の英語を日本語にしましょう。

(1) My brother has not been at home for two weeks.

[　　　　　　　　　　　　　　　　　　　　　　　　　　]

(2) Ken hasn't watched the movie for a long time.

[　　　　　　　　　　　　　　　　　　　　　　　　　　]

継続を表す現在完了の疑問文

# 「(ずっと)〜しているのですか」

How long を使った疑問文の作り方もいっしょに覚えよう！

〈継続〉を表す現在完了の疑問文は，今まで学習した現在完了と同じように，have[has]を主語の前に置きます。答えるときもhave[has]を使います。

---

疑問文 **Have** you **lived** here for two years?

have｜主語｜過去分詞 （あなたは2年間，ここに住んでいるのですか。）

Have[Has] を主語の前に置くんだね！

2年間日本に住んでるの？

ソウデス

答え方 Yes, I have. （はい，住んでいます。）

No, I have not. （いいえ，住んでいません。）

→または No, I haven't.

---

疑問文のはじめにHow long を置くと，**期間の長さ**をたずねることができます。

---

疑問文 How long has she lived here?

（彼女はどのくらいの間，ここに住んでいるのですか。）

How long を使って，〈期間〉をたずねよう！

答え方 She has lived here for two years.

（彼女は2年間，ここに住んでいます。）

For two years. （2年間です。）

---

解いてみよう！　解答 p.7

答え合わせのあとは，音声に
合わせて英語を音読してみよう。

① 次の日本語に合うように，＿＿＿に◻から適当な語を入れて，英語を完成させましょう。

(1) あなたは３時間，ずっとここにいるのですか。

＿＿＿＿＿ ＿＿＿＿＿ ＿＿＿＿＿ here for

three hours?

(2) いいえ，いません。30分間だけです。

No, I ＿＿＿＿＿. Only for thirty minutes.

you　hasn't　haven't　Have　Has　been

② 次の日本語に合うように，＿＿＿に適当な語を書きましょう。

(1) 彼女は昨年から，ここに住んでいるのですか。

＿＿＿＿＿ ＿＿＿＿＿ ＿＿＿＿＿ here since last year?

(2) その先生は長い間，英語を教えているのですか。

＿＿＿＿＿ the teacher ＿＿＿＿＿ English for a long time?

③ 次の日本語に合うように，[ 　]内の語句を並べかえて，正しい英語にしましょう。ただし，文頭にくる語も小文字で書いてあります。

(1) あなたはどのくらいの間，ここで勉強をしているのですか。

[ you / here / studied / how long / have ]?

＿＿＿＿＿＿＿＿＿＿＿＿＿＿＿＿＿＿＿＿＿ ?

(2) 彼は昨年から，ギターを習っているのですか。

[ has / the guitar / he / learned / since ] last year?

＿＿＿＿＿＿＿＿＿＿＿＿＿＿＿＿＿＿ last year?

④ 次の英語を日本語にしましょう。

Have you been busy since Monday?

[

]

動作の継続を表す現在完了進行形

# 「ずっと〜しています」

〈have [has] been＋動詞のing形〉の形を覚えよう！

ここが
**カギ！**
現在完了と進行形を組み合わせた形〈have [has] been＋動詞のing形〉を現在完了進行形といい，「ずっと〜しています」という意味を表します。

| 現在完了 | I have studied 〜. （私は〜を勉強しています。） |

| 現在進行形 | I'm studying 〜. （私は〜を勉強しているところです。） |

| 現在完了進行形 | I have been studying 〜. |

I have been studying English for two hours.

（私は2時間ずっと，英語を勉強しています。）

have[has] been
〜ing の形じゃ！

ここが
**カギ！**
状態を表す動詞のlike「〜が好きだ」やwant「〜がほしい」，know「〜を知っている」などは，現在完了進行形にすることができません。

I have known him for a long time.

（私は長い間彼を知っています。）

現在完了の
〈継続〉の文だね！

have been knowing には
ならないことに注意！

解いてみよう！　　解答 p.8

答え合わせのあとは，音声に
合わせて英語を音読してみよう。

319

**1** 次の日本語に合うように，＿＿＿＿に□から適当な語を入れて，英語を完成させましょう。

(1) 私は1時間ずっと，テレビを見ています。

I ＿＿＿＿＿ ＿＿＿＿＿ ＿＿＿＿＿ TV for an hour.

(2) 私の父は30分間ずっと，新聞を読んでいます。

My father ＿＿＿＿＿ ＿＿＿＿＿ ＿＿＿＿＿ a newspaper for thirty minutes.

| has | have | been | been | watching | reading |

**2** 次の日本語に合うように，＿＿＿＿に適当な語を書きましょう。

(1) 私は3時間ずっと，このコンピューターを使っています。

I ＿＿＿＿＿ ＿＿＿＿＿ ＿＿＿＿＿ this computer for three hours.

(2) 彼は30分間ずっと，眠（ねむ）っています。　　　　　30分＝half an hour

He ＿＿＿＿＿ ＿＿＿＿＿ ＿＿＿＿＿ for half an hour.

**3** 次の日本語に合うように，[　　]内の語を並べかえて，正しい英語にしましょう。ただし，文頭にくる語も小文字で書いてあります。

(1) 彼女（かのじょ）は40分間ずっと，料理をしています。

[ for / forty / cooking / she / been / minutes / has ].

＿＿＿＿＿＿＿＿＿＿＿＿＿＿＿＿＿＿＿＿＿ .

(2) 私は2時間ずっと，歩いています。

[ walking / for / been / I've / hours / two ].

＿＿＿＿＿＿＿＿＿＿＿＿＿＿＿＿＿＿＿＿＿ .

**4** (　　)内の語句を用いて，次の日本語を英語にしましょう。

私は10分間ずっと，手紙を書いています。（ a letter ）

＿＿＿＿＿＿＿＿＿＿＿＿＿＿＿＿＿＿＿＿＿

現在完了の文

3章

**1** 次の（　　）内から適当な語句を選んで，□に書きましょう。（4点×4）

(1) She ( has / have ) finished her homework.

▶ステージ **10**

(2) They ( have not arrived / doesn't arrive )
at the café yet.

▶ステージ **11**

(3) I have lived in Canada ( since / for )
two years.

▶ステージ **16**

(4) Has Nanako ( is / been ) busy since Tuesday?

▶ステージ **18**

**2** 次の日本語に合うように，＿＿に入る適当な語を□に書きましょう。（5点×5）

(1) 彼はもう朝食を作りましたか。
Has he ＿＿＿＿ breakfast ＿＿＿＿?

▶ステージ **12**

(2) ((1)に答えて) いいえ，作っていません。
No, he ＿＿＿＿.

▶ステージ **12**

(3) 私は一度もハワイに行ったことがありません。
I have ＿＿＿＿ ＿＿＿＿ to Hawaii.

▶ステージ **14**

(4) あなたはどのくらいの間，ここに滞在しているのですか。
＿＿＿＿ ＿＿＿＿ have you stayed here?

▶ステージ **18**

(5) 彼女は1時間ずっと，ベンチに座っています。
She has ＿＿＿＿ ＿＿＿＿ on a bench
for an hour.

▶ステージ **19**

**③** 次の日本語に合うように，[　　]内の語句を並べかえて，正しい英語にしましょう。ただし，文頭にくる語も小文字で書いてあります。(6点×4)

(1) ケンは一度，オーストラリアに行ったことがあります。

[ Australia / once / has / to / been / Ken ].

_____ .　ステージ 13

(2) あなたは今までに虹を見たことがありますか。　　　　　虹＝rainbow

[ a rainbow / have / ever / you / seen ]?

_____ ?　ステージ 15

(3) 私は昨年の夏からこのTシャツを着ていません。

[ I / worn / this T-shirt / haven't / since ] last summer.

_____ last summer.　ステージ 17

(4) 彼女は3時間ずっと，理科を勉強しています。　　　　　理科＝science

[ has / hours / been / she / studying / three / for / science ].

_____ .　ステージ 19

**④** 次の英語を日本語にしましょう。(7点×5)

(1) We've already arrived at his house.

[　　　　　　　　　　　　　　　　　]

(2) Tom has eaten *wasabi* before.

[　　　　　　　　　　　　　　　　　]

(3) My sister has never listened to this song.

[　　　　　　　　　　　　　　　　　]

(4) Have you ever written a diary?　　　　　diary＝日記

[　　　　　　　　　　　　　　　　　]

(5) He hasn't met his family for a long time.

[　　　　　　　　　　　　　　　　　]

3章 現在完了の文

ステージ

**9** 現在完了 → have[has] ＋過去分詞

**10** I have just finished my homework.
完了 （私はちょうど宿題をおえたところです。）

**11** I have not arrived home yet.
完了 （私はまだ家に到着していません。） まだ

**12** Have you cleaned your car yet?
完了 （あなたはもう自分の車をきれいにしましたか。） もう

**13** I have eaten *sushi* before.
経験 （私は以前，寿司を食べたことがあります。）

**14** I have never watched this movie.
経験 （私は一度もこの映画を見たことがありません。）

**15** Have you ever read this book?
経験 （あなたは今までにこの本を読んだことがありますか。）

**16** I have studied English for two years.
継続 （私は2年間，英語を勉強しています。）

**17** I have not met her since last year.
継続 （私は昨年から，彼女に会っていません。）

**18** Have you lived here for two years?
継続 （あなたは2年間，ここに住んでいるのですか。）

**19** I have been studying English for two hours.
現在完了進行形 （私は2時間ずっと，英語を勉強しています。）

魔法の望遠鏡をGET！

次のトゥーの
雪国へGO!

# 4章 不定詞

突然雪が降り出し，気づくと3人はトゥーの雪国に来ていた。すると雪の精が現れ，エイミーとゴータは「不定詞」を学習することに。It is … to ～やwant 人 to ～など不定詞を使ったさまざまな形を学ぶが，2人はすべてマスターして雪の精から魔法の指輪をもらうことができるのか…？

# 名詞的用法・形容詞的用法

不定詞を置く場所やそれぞれの意味を理解しよう！

 〈to＋動詞の原形（もとの形）〉で表す不定詞には，3つの用法があります。まず，「〜すること」という意味を表すものを，**不定詞の名詞的用法**といいます。

I like to play the piano.

演奏すること

（私はピアノを演奏することが好きです。）

〈to＋動詞のもとの形〉で「〜すること」を表す！

動詞 want「〜を望む」のあとに〈to＋動詞の原形〉を置くと，「〜することを望む」，つまり「〜したい」という意味になります。

例 I want to play the piano.（私はピアノを演奏したいです。）

 〈to＋動詞の原形（もとの形）〉を**名詞のあと**に置いて，「〜するべき」「〜するための」という意味を表すものを**不定詞の形容詞的用法**といいます。

She has homework to do.

宿題 ← するべき （彼女にはするべき宿題があります。）

I want something to eat.

何か ← 食べるための （私は何か食べるものがほしいです。）

名詞のあとに〈to＋動詞のもとの形〉で「〜するべき」「〜するための」！！

somethingは「何か」を表しますが，否定文・疑問文ではanythingを使います。

例 Do you want anything to eat?（あなたは何か食べるものがほしいですか。）

解いて みよう！ 解答 p.9

答え合わせのあとは，音声に合わせて英語を音読してみよう。

320

**1** 次の日本語に合うように，_____ に □ から適当な語を入れて，英語を完成させましょう。

(1) 私は英語を勉強することが好きです。

I like _____ _____ English.

(2) 私はするべき宿題がたくさんあります。

I have a lot of homework _____ _____.

| do　does　to　study　studying　to |

**2** 次の日本語に合うように，_____ に適当な語を書きましょう。

(1) 私は今，朝食を作りたいです。

I want _____ _____ breakfast now.

(2) あなたは何かいうべきことがありますか。

Do you have _____ _____ _____?

**3** 次の日本語に合うように，[ 　 ]内の語句を並べかえて，正しい英語にしましょう。ただし，文頭にくる語も小文字で書いてあります。

(1) 私は音楽を聞くことが好きです。 [ listen to / like / I / music / to ].

_____.

(2) 私は何か食べるものがほしいです。 [ want / to / I / something / eat ].

_____.

**4** 次の英語を日本語にしましょう。

(1) I want to use this textbook tomorrow.

[ 　　　　　　　　　　　　　　　　　　　　　 ]

(2) We don't have time to think about it.

[ 　　　　　　　　　　　　　　　　　　　　　 ]

4章 不定詞

# 副詞的用法

目的や感情の原因を表す副詞的用法を思い出そう！

 〈to＋動詞の原形（もとの形）〉の不定詞を使って，「～するために」と目的を説明することができます。これを**不定詞の副詞的用法**といいます。

I went to Kyoto to see my friend.

行った　←　会うために

（私は**友達**に会うために**京都**に行きました。）

〈to＋動詞のもとの形〉で，「～するために」じゃ！

過去の文でも，to のあとの動詞は必ずもとの形！

 不定詞の副詞的用法では，〈感情を表す語＋to＋動詞の原形（もとの形）〉で，「～して…です」と**感情の原因**を述べることもできます。

I am happy to meet you.　（私はあなたに会って**幸せ**です。）

幸せ　←　会って

感情を表す語のあとで，「～して」とその原因を表せるのか！

58

321

## 解いてみよう！

解答 p.9　答え合わせのあとは，音声に合わせて英語を音読してみよう。

**1** 次の日本語に合うように，_____ に ☐ から適当な語を入れて，英語を完成させましょう。

(1) 私は野球をするために公園に行きました。

I went to the park _____ _____ baseball.

(2) 彼女はその試合を見て幸せです。

She is happy _____ _____ the game.

| played | watch | to | watches | play | to |

**2** 次の日本語に合うように，_____ に適当な語を書きましょう。

(1) 私は宿題をするために家に帰りました。

I went back home _____ _____ my homework.

(2) 彼はその箱を開けてとても驚きました。

He was very surprised _____ _____ the box.

**3** 次の日本語に合うように，[　　]内の語を並べかえて，正しい英語にしましょう。ただし，文頭にくる語も小文字で書いてあります。

(1) 私はその知らせを聞いて悲しいです。[ sad / news / I / hear / to / the / am ].

知らせ＝news

_____ .

(2) アヤカは英語を勉強するためにオーストラリアに行くつもりです。

Ayaka [ go / Australia / will / to / study / to / English ].

Ayaka _____ .

**4** 次の英語を日本語にしましょう。

(1) My mother went to the supermarket to buy milk.

[ 　　　　　　　　　　　　　　　　　　　　　　　　　　　　　　　　　 ]

(2) He was glad to read the letter.

glad＝うれしい

[ 　　　　　　　　　　　　　　　　　　　　　　　　　　　　　　　　　 ]

It is … to ～の形の文

# 「～することは…です」

 Itを主語として置くことや，〈for＋人〉の位置に注意しよう！

 「～すること」という意味を表す不定詞の用法を使い，〈It is … to＋動詞の原形（もとの形）〉の形で「～することは…です」という意味を表すことができます。

It is interesting to study English.

勉強すること
このItは「それ」とは訳さないよ！
（英語を勉強することはおもしろいです。）

It was difficult to study English.

過去の文ならwas
（英語を勉強することは難しかったです。）

 〈It is … for＋人＋to＋動詞の原形（もとの形）〉の形で，「（人）にとって～することは…です」という意味を表します。

It's easy for her to swim. （彼女にとって泳ぐことは簡単です。）

for＋人　泳ぐこと

 toの前に〈for＋人〉で，「～にとって」を表す！

泳ぐのってかんた～ん

**まとめ**　It isのあとによく使う語

- **important** 「大切な，重要な」
- **dangerous** 「危険な」
- **hard** 「難しい，大変な」
- **fun** 「楽しい」

# 解いて みよう！

解答 p.9

答え合わせのあとは，音声に
合わせて英語を音読してみよう。

月　　　日

**1** 次の日本語に合うように，＿＿＿＿に□□から適当な語を入れて，英語を完成させましょう。

(1) 私にとって踊ることは難しいです。

_____ _____ hard for me to dance.

(2) 毎日練習することは大切です。

It is important _____ _____ every day.

is　was　practice　I　practiced　to　It

**2** 次の日本語に合うように，＿＿＿＿に適当な語を書きましょう。

(1) この機械を使うことは危険です。

_____ _____ dangerous _____ _____ this machine.

(2) 私にとって理科を勉強することは難しいです。

_____ difficult _____ _____ to study science.

**3** 次の日本語に合うように，[　　]内の語を並べかえて，正しい英語にしましょう。ただし，文頭にくる語も小文字で書いてあります。

(1) 違う国を訪れることはおもしろいです。

[ is / to / interesting / it / visit ] different countries.

_____ different countries.

(2) ナンシーにとって日本語を読むことは簡単でした。

[ it / for / Japanese / Nancy / read / easy / to / was ].

_____.

**4** (　　)内の語を用いて，次の日本語を英語にしましょう。

(1) 友達を持つことは重要です。 ( important, friends )

_____

(2) 私たちにとって野球をすることは楽しいです。 ( fun )

_____

⟨4章⟩ 不定詞

⟨20⟩ ⟨21⟩ ⟨22⟩ ⟨23⟩ ⟨24⟩ ⟨25⟩ ⟨26⟩

# 「(人) に～してほしいです」

語順や，toのあとの動詞の形に注意しよう！

ここが
**カギ！**

〈want＋人＋to＋動詞の原形 (もとの形)〉の形で，「(人) に～してほしいです」という意味になります。人の部分に代名詞を入れる場合は，**目的格**にします。

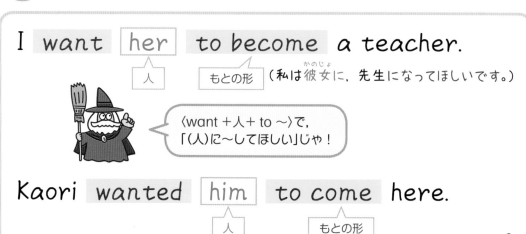

I want her to become a teacher.

人　　もとの形　（私は彼女(かのじょ)に，先生になってほしいです。）

〈want ＋人＋ to ～〉で，
「(人)に～してほしい」じゃ！

Kaori wanted him to come here.

人　　もとの形

（カオリは彼(かれ)に，ここに来てほしかったです。）

過去の文でも，to の
あとは必ずもとの形！

ここが
**カギ！**

疑問文にして Do you want me to ～？とすると，「あなたは私に～してほしいですか」という意味になり，提案する表現として使うことができます。to の後ろには，**動詞の原形 (もとの形)** を続けます。

Do you want me to open the window?

人　　もとの形

（あなたは私に，窓を開けてほしいですか。）

窓を
開けようか？

「～してほしいですか」とたずね
ることで，「～しましょうか」と
提案できるんだね！

## 解いてみよう！

解答 p.9

答え合わせのあとは，音声に
合わせて英語を音読してみよう。

月　　日

**1** 次の日本語に合うように，_____ に ☐ から適当な語を入れて，英語を完成させましょう。

(1) 私はナオに，昼食を作ってほしいです。

I _____ Nao _____ cook lunch.

(2) 彼女は私に，手伝ってほしかったです。

She _____ _____ _____ help her.

| want　wanted　to　me　to |

**2** 次の日本語に合うように，_____ に適当な語を書きましょう。

(1) 私たちは彼に，歌を歌ってほしいです。

We _____ _____ _____ _____ a song.

(2) あなたは私に，夕食を作ってほしいですか。

Do you _____ _____ _____ cook dinner?

**3** 次の日本語に合うように，[　]内の語句を並べかえて，正しい英語にしましょう。ただし，文頭にくる語も小文字で書いてあります。

(1) 私はあなたに，水を持ってきてほしいです。

[ want / you / bring / I / to ] some water.

_____ some water.

(2) ユキコは彼に，その映画を見てほしいです。

[ him / wants / the movie / watch / to / Yukiko ].

_____ .

**4** (　)内の語句を用いて，次の日本語を英語にしましょう。

(1) 私はジョンに，英語を教えてほしいです。（ English ）

_____

(2) 彼女は彼にサッカー選手になってほしかったです。（ a soccer player ）

_____

# 「(人)に～するようにいいます[頼みます]」

tell 人 to ～と ask 人 to ～という表現を覚えよう！

〈tell ＋人＋ to ＋動詞の原形（もとの形）〉の形で，「(人)に～するようにいいます」という意味になります。また，〈ask ＋人＋ to ＋動詞の原形（もとの形）〉の形だと，「(人)に～するように頼みます」という意味になります。

My mother told me to clean my room.

人 / to / もとの形

（私の母は私に自分の部屋を掃除するようにいいました。）

〈tell ＋人＋ to ～〉で，「(人)に～するようにいう」！

I asked him to open the door.

人 / to / もとの形

（私は彼にドアを開けるように頼みました。）

〈ask ＋人＋ to ～〉で，「(人)に～するように頼む」！

to 以下の内容を否定にするときは，to の前に not を置きます。

I told her not to eat the cake.

人 / to / もとの形

（私は彼女にそのケーキを食べないようにいいました。）

not は to の前に置くんじゃよ！

私のだから食べちゃだめ

え～

## 解いて みよう！

解答 p.10

答え合わせのあとは，音声に
合わせて英語を音読してみよう。

324

**1** 次の日本語に合うように，＿＿＿ に □ から適当な語を入れて，英語を完成させましょう。

(1) 私は彼女に朝食を作るように頼みました。

I ＿＿＿＿ her ＿＿＿＿ make breakfast.

(2) 彼女は私にその箱を開けるようにいいました。

She ＿＿＿＿ me ＿＿＿＿ open the box.

| to　asked　told　tells　ask　to |
| --- |

**2** 次の日本語に合うように，＿＿＿ に適当な語を書きましょう。

(1) 私の父は私に夜テレビを見ないようにいいました。

My father ＿＿＿＿ me ＿＿＿＿ ＿＿＿＿ watch TV at night.

(2) ハナは彼に数学を教えてくれるように頼みました。

Hana ＿＿＿＿ ＿＿＿＿ ＿＿＿＿ ＿＿＿＿ math.

**3** 次の日本語に合うように，[　]内の語句を並べかえて，正しい英語にしましょう。ただし，文頭にくる語も小文字で書いてあります。

(1) その先生は私たちに遅刻しないようにいいました。

[ late / us / not / the teacher / be / to / told ].

＿＿＿＿＿＿＿＿＿＿＿＿＿＿＿＿＿＿＿＿＿＿＿ .

(2) アカリは彼女のお父さんに雑誌を買ってくれるように頼みました。

Akari [ her / father / buy / to / asked / a magazine ].

Akari ＿＿＿＿＿＿＿＿＿＿＿＿＿＿＿＿＿＿＿＿＿ .

**4** (　)内の語句を用いて，次の日本語を英語にしましょう。

(1) 私の兄は私にこれらの教科書を読むようにいいました。( these textbooks )

＿＿＿＿＿＿＿＿＿＿＿＿＿＿＿＿＿＿＿＿＿＿＿

(2) 彼女は私にその手紙を読むように頼みました。( the letter )

＿＿＿＿＿＿＿＿＿＿＿＿＿＿＿＿＿＿＿＿＿＿＿

4章

不定詞

# 「〜のしかた」「何を[どこで]〜すればよいか」

〈疑問詞＋to＋動詞の原形〉の形を使ってみよう！

 疑問詞のhowと不定詞の形を組み合わせて，〈how to＋動詞の原形（もとの形）〉とすると，「どのように〜すればよいか」，つまり「〜のしかた」という意味になります。tellやknowなどの動詞といっしょによく使われます。

He told me **how to use** it. （彼は私に，それの使い方を教えました。）

もとの形

Do you know **how to get** to the station?

もとの形

（あなたは駅への行き方を知っていますか。）

 how to 〜で，「〜のしかた」じゃ！

how to get to 〜で，「〜への行き方」という意味になるよ！

 ほかの疑問詞も不定詞と組み合わせることができます。〈what to＋動詞の原形（もとの形）〉で「何を〜すればよいか」，〈where to＋動詞の原形（もとの形）〉で「どこで[に]〜すればよいか」という意味になります。

I don't know **what to do** .

（私は何をすればよいかがわかりません。） もとの形

Please tell me **where to go** .

（どこに行けばよいか，私に教えてください。） もとの形

そのほかにも，〈when to＋動詞の原形〉で「いつ〜すればよいか」という意味を表すこともできます。
例 I don't know when to leave. （私はいつ出発すればよいかがわかりません。）

**1** 次の日本語に合うように，_____ に □ から適当な語を入れて，英語を完成させましょう。

(1) どこを訪れればよいか，私に教えてください。

Please tell me _____ _____ visit.

(2) 彼女は私に，美術館への行き方を教えました。

She told me _____ _____ get to the museum.

| to | what | how | where | to | when |

**2** 次の日本語に合うように，_____ に適当な語を書きましょう。

(1) あなたはそれの開け方を知っていますか。

Do you know _____ _____ _____ it?

(2) 私は何を買えばよいかがわかりません。

I don't know _____ _____ _____ .

**3** 次の日本語に合うように，[ 　 ]内の語句を並べかえて，正しい英語にしましょう。ただし，文頭にくる語も小文字で書いてあります。

(1) あなたはこの機械の使い方を知っていますか。

[ this machine / you / how / use / to / do / know ]?

_____ ?

(2) 彼女は次に何をすればよいかがわかりませんでした。

[ didn't / to / what / she / know / do ] next.

_____ next.

**4** 次の英語を日本語にしましょう。

(1) My mother told me how to cook curry.

[ 　　　　　　　　　　　　　　　　　　　　 ]

(2) Please tell me what to write here.

[ 　　　　　　　　　　　　　　　　　　　　 ]

原形不定詞

# 「(人)が〜するのを手伝います」「(人)に〜させます」

後ろにくる動詞を原形にすることに注意しよう！

 「(人)が〜するのを手伝います」といいたいときは，〈help＋人＋動詞の原形（もとの形）〉で表します。

Ken helped us carry boxes.

私たちが｜運ぶのを

（ケンは私たちが箱を運ぶのを手伝ってくれました。）

後ろの動詞はもとの形！

 helpと同じ形を続けるものに，〈let＋人＋動詞の原形（もとの形）〉があります。「(人)に〜させます」という「許可」の意味を表します。

Please let me play video games.

let｜人｜もとの形

（私にテレビゲームをさせてください。）

 〈make＋人＋動詞の原形（もとの形）〉も「(人)に〜させます」という意味を表しますが，これは「強制する」といった意味合いです。

My father made me open the door.

make｜人｜もとの形

（私の父は私にドアを開けさせました。）

letとは同じ訳でも，意味が違うんだね！

# 解いてみよう！

解答 p.10

答え合わせのあとは，音声に合わせて英語を音読してみよう。

**①** 次の日本語に合うように，＿＿＿＿に□から適当な語を入れて，英語を完成させましょう。

(1) 彼女は私がフランス語の勉強をするのを手伝います。

She ＿＿＿＿＿ me ＿＿＿＿＿ French.

(2) 彼女は私にいくつか単語を書かせました。

She ＿＿＿＿＿ me ＿＿＿＿＿ some words.

helps　write　made　study

**4章**

不定詞

**②** 次の日本語に合うように，＿＿＿＿に適当な語を書きましょう。

(1) 彼女は彼に窓を開けさせました。

She ＿＿＿＿＿ ＿＿＿＿＿ ＿＿＿＿＿ the window.

(2) それについて私に考えさせてください。

Please ＿＿＿＿＿ ＿＿＿＿＿ ＿＿＿＿＿ about it.

**③** 次の日本語に合うように，[　　]内の語句を並べかえて，正しい英語にしましょう。ただし，文頭にくる語も小文字で書いてあります。

(1) 私の父は私にそのニュースを読ませました。
[ my father / read / made / me / the news ].

＿＿＿＿＿＿＿＿＿＿＿＿＿＿＿＿＿＿＿＿＿＿＿＿＿.

(2) ポールは彼女がこれらの机を動かすのを手伝うでしょう。
[ Paul / these desks / her / move / will / help ].

＿＿＿＿＿＿＿＿＿＿＿＿＿＿＿＿＿＿＿＿＿＿＿＿＿.

**④** 次の英語を日本語にしましょう。

(1) My mother made me wash my hands.

[　　　　　　　　　　　　　　　　　　　　　　　　　]

(2) Let me use your bike.

[　　　　　　　　　　　　　　　　　　　　　　　　　]

# 確認テスト

解答 p.11

/100点

**1** 次の（　）内から適当な語句を選んで，□□□に書きましょう。（4点×4）

(1) I want ( something / anything ) to drink.

▶ステージ **20**

(2) ( It is / I am ) easy for me to run fast.

▶ステージ **22**

(3) Do you ( want to me / want me to ) bring some food?

▶ステージ **23**

(4) Nina made him ( wash / to wash ) the car.

▶ステージ **26**

**2** 次の日本語に合うように，＿＿に入る適当な語を□□□に書きましょう。（5点×5）

(1) 私はあなたの子どもたちに会って幸せでした。
I was happy ＿＿＿ ＿＿＿ your children.

▶ステージ **21**

(2) 友達と話すことは楽しいです。
It is fun ＿＿＿ ＿＿＿ with friends.

▶ステージ **22**

(3) 彼らは彼女に沖縄を訪れてほしかったです。
They wanted her ＿＿＿ ＿＿＿ Okinawa.

▶ステージ **23**

(4) 私たちはあなたにその機械に触らないようにいいました。
We told you ＿＿＿ ＿＿＿ touch the machine.

▶ステージ **24**

(5) ケビンは彼らがパスタを作るのを手伝いました。
Kevin ＿＿＿ them ＿＿＿ pasta.

▶ステージ **26**

70

**3** 次の日本語に合うように，[　　]内の語句を並べかえて，正しい英語にしましょう。ただし，文頭にくる語も小文字で書いてあります。(6点×4)

(1) 私たちには宿題をおわらせる時間が必要です。

[ our homework / finish / time / need / we / to ].

_____. ステージ 20

(2) ここで泳ぐのは危険です。

[ is / to / swim / dangerous / here / it ].

_____. ステージ 22

(3) 彼女はアレックスに駅に来るように頼みました。

[ Alex / she / to / come / asked ] to the station.

_____ to the station. ステージ 24

(4) いつメッセージを送ればよいか，私に教えてください。

[ please / me / tell / to / when / send ] a message.

_____ a message. ステージ 25

**4** 次の英語を日本語にしましょう。(7点×5)

(1) She went to a bookstore to buy the magazine.

[　　　　　　　　　　　　　　　　　　　　　　　] ステージ 21

(2) Hana wanted them to study hard.

[　　　　　　　　　　　　　　　　　　　　　　　] ステージ 23

(3) My mother told me to come home.

[　　　　　　　　　　　　　　　　　　　　　　　] ステージ 24

(4) I don't know how to open this box.

[　　　　　　　　　　　　　　　　　　　　　　　] ステージ 25

(5) Please let me use this room.

[　　　　　　　　　　　　　　　　　　　　　　　] ステージ 26

4章 不定詞

71

ステージ

**20** I like <u>to play</u> the piano.

〜すること

（私はピアノを演奏することが好きです。）

She has homework <u>to do</u>. （彼女にはするべき宿題があります。）

〜するべき

**21** I went to Kyoto <u>to see</u> my friend.

（私は友達に会うために京都に行きました。） 〜するために

**22** <u>It is</u> interesting <u>to study</u> English.

It is … to 〜 .「〜することは…です」 （英語を勉強することはおもしろいです。）

**23** I <u>want her to become</u> a teacher.

〈want ＋人＋ to ＋動詞の
原形（もとの形）〉 （私は彼女に，先生になってほしいです。）

**24** My mother <u>told me to clean</u> my room.

〈tell ＋人＋ to ＋動詞の原形（もとの形）〉

（私の母は私に自分の部屋を掃除するようにいいました。）

**25** He told me <u>how to use</u> it.

〈how to ＋動詞の原形（もとの形）〉 （彼は私に，それの使い方を教えました。）

**26** Ken <u>helped us carry</u> boxes.

〈help ＋人＋動詞の原形（もとの形）〉 （ケンは私たちが箱を運ぶのを手伝ってくれました。）

**魔法の指輪をGET！**

次のいろいろ
沼へGO！

•••••➡

# 5章 いろいろな文

エイミーが沼に足を踏み入れてしまい，見渡すと辺りは沼だらけ。ここは，いろいろ沼。困っている3人の前にケンタウロスが現れ，沼を抜けるためには「いろいろな文」をマスターしなければならないという。エイミーとゴータは，間接疑問，感嘆文，付加疑問を学んでいく。すべてマスターして黄金の羅針盤を手に入れることはできるのか…？

# 間接疑問

疑問詞のあとの語順に注意しよう！

ここが
カギ！

whatなどの疑問詞ではじまる疑問文を別の文中に組み込んだものを，**間接疑問**といいます。疑問詞のあとは**ふつうの文の形〈主語＋動詞 〜〉**を続けます。

もとの疑問文　**What is it?** （それは何ですか。）

動詞　主語

間接疑問文　**I don't know** **what it is** .

（私はそれが何なのか
知りません。）

疑問詞　主語　動詞

〈疑問詞＋ふつうの文の形〉
の語順にするのじゃ！

ここが
カギ！

一般動詞の文も，間接疑問では疑問詞のあとに**ふつうの文の形〈主語＋動詞 〜〉**を続けます。**doやdoes，didは使わず**，動詞の形を変化させます。

**Do you know** **when she cooks** ?

疑問詞　主語　動詞

（あなたは彼女がいつ料理するのか知っていますか。）

**Please tell me** **where you bought it** .

疑問詞　主語　動詞

（あなたはどこでそれを買ったのか，私に教えてください。）

疑問詞のあとは，
〈主語＋動詞 〜〉！

どこで
買ったの？

327

解答 p.11

**解いてみよう！**

⑤章 いろいろな文

**1** 次の日本語に合うように，＿＿＿に□から適当な語を入れて，英語を完成させましょう。

(1) あなたはどこでこれを買ったのか，私に教えてください。

Please tell me ＿＿＿＿＿ you ＿＿＿＿＿ this.

(2) あなたはそれが何なのか知っていますか。

Do you know ＿＿＿＿＿ it ＿＿＿＿＿ ?

| what | where | when | which | bought | is |

**2** 次の日本語に合うように，＿＿＿に適当な語を書きましょう。

(1) ボブは彼女が何を好きなのか知りません。

Bob doesn't know ＿＿＿＿＿ ＿＿＿＿＿ ＿＿＿＿＿ .

(2) 彼<sub>かれ</sub>らがどこに行ったのか，私に教えてください。

Please tell me ＿＿＿＿＿ ＿＿＿＿＿ ＿＿＿＿＿ .

**3** 次の日本語に合うように，[　　]内の語を並べかえて，正しい英語にしましょう。ただし，文頭にくる語も小文字で書いてあります。

(1) 私は彼女にあれが何なのかをたずねるつもりです。
[ I / ask / that / what / is / will / her ].

＿＿＿＿＿＿＿＿＿＿＿＿＿＿＿＿＿＿＿＿＿ .

(2) あなたは彼がいつパーティーに来たか知っていますか。
[ he / you / do / know / when / came ] to the party?

＿＿＿＿＿＿＿＿＿＿＿＿＿＿＿＿＿＿ to the party?

**4** 次の英語を日本語にしましょう。

(1) We don't know where Misaki went.

[　　　　　　　　　　　　　　　　　　　　　　　　　　　]

(2) Please tell me what she needs.

[　　　　　　　　　　　　　　　　　　　　　　　　　　　]

# 感嘆文

強調したいものを What，How の後ろに置こう！

**驚きなどの強い感情**を表現する文を**感嘆文**といいます。例えば，〈**How ＋形容詞＋主語＋動詞 !**〉で，「**〜はなんて…なのでしょう**」という意味を表します。形容詞の代わりに**副詞**を入れることもできます。

ふつうの文　This flower is beautiful.（この花は美しいです。）

感嘆文　How beautiful this flower is!

形容詞　主語　動詞

（この花はなんて美しいのでしょう。）

語順に注意じゃ！

ふつうの文　He runs fast.（彼は速く走ります。）

感嘆文　How fast he runs!

副詞　主語　動詞

（彼はなんて速く走るのでしょう。）

〈**What a/an ＋形容詞＋名詞＋主語＋動詞 !**〉の形も，「**〜はなんて…なのでしょう**」を表します。また，最後の〈**主語＋動詞**〉は省略できます。

What a beautiful flower (this is)!

形容詞　名詞　主語　動詞

（（これは）なんて美しい花なのでしょう。）

What のあとには，
〈a/an ＋形容詞＋名詞〉！

〈主語＋動詞〉は，
省略できるよ！

**1** 次の日本語に合うように，_____ に □ から適当な語を入れて，英語を完成させましょう。

(1) この写真はなんて美しいのでしょう。

_____ _____ this picture is!

(2) あなたはなんてよいカメラを持っているのでしょう。

_____ a _____ camera you have!

┌─────────────────────────┐
│ How　What　nice　beautiful │
└─────────────────────────┘

**2** 次の日本語に合うように，_____ に適当な語を書きましょう。

(1) あなたのネコはなんてかわいいのでしょう。

_____ _____ your cat is!

(2) あれはなんて大きい家なのでしょう。

_____ _____ _____ house that is!

**3** 次の日本語に合うように，[　]内の語を並べかえて，正しい英語にしましょう。
ただし，文頭にくる語も小文字で書いてあります。

(1) あなたの妹はなんて速く食べるのでしょう。
[ eats / how / your / fast / sister ]!

_____!

(2) これはなんておもしろい本なのでしょう。
[ what / interesting / this / book / is / an ]!

_____!

**4** 次の英語を日本語にしましょう。

(1) How hot this place is!　　　　　　　　　　place＝場所

[ 　　　　　　　　　　　　　　　　　　　　　　　 ]

(2) What a difficult question!

[ 　　　　　　　　　　　　　　　　　　　　　　　 ]

語順に注意して，付加疑問の形を覚えよう！

**ここがカギ！**
「〜ですよね」と相手に同意を求めたり，確認したりするときには，文の最後にコンマ (,) を置いて，〈**否定の短縮形＋主語 ?**〉を続けます。これを**付加疑問**といい，付加疑問の主語の部分には必ず**代名詞**を使います。

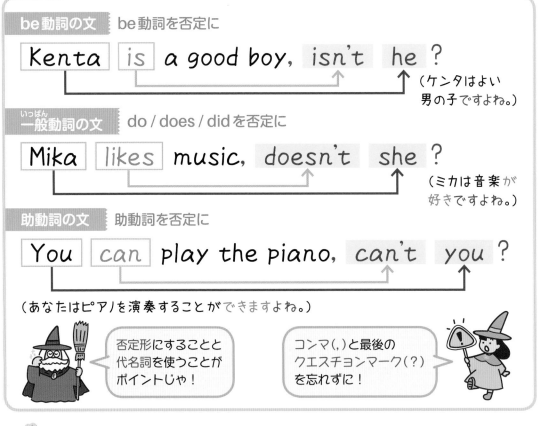

**be動詞の文** be動詞を否定に

Kenta | is | a good boy, isn't he ?
（ケンタはよい男の子ですよね。）

**一般動詞の文** do / does / did を否定に

Mika | likes | music, doesn't she ?
（ミカは音楽が好きですよね。）

**助動詞の文** 助動詞を否定に

You | can | play the piano, can't you ?
（あなたはピアノを演奏することができますよね。）

否定形にすることと代名詞を使うことがポイントじゃ！

コンマ (,) と最後のクエスチョンマーク (?) を忘れずに！

**ここがカギ！** コンマ (,) より前の文が**否定文**のときは，否定ではなく**肯定**の形にします。

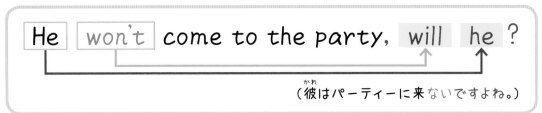

He | won't | come to the party, will he ?
（彼はパーティーに来ないですよね。）

## 解いてみよう！

解答 p.12　　答え合わせのあとは，音声に合わせて英語を音読してみよう。

**❶** 次の日本語に合うように，_____ に □ から適当な語を入れて，英語を完成させましょう。

(1) それはすごい歌ですよね。

It is a great song, _____ _____ ?

(2) あなたは歌うことが好きですよね。

You like singing, _____ _____ ?

is　isn't　do　don't　you　it

**❷** 次の日本語に合うように，_____ に適当な語を書きましょう。

(1) 彼らは学生ですよね。

They are students, _____ _____ ?

(2) あなたのお父さんはコーヒーを飲みますよね。

Your father drinks coffee, _____ _____ ?

**❸** 次の日本語に合うように，[　　]内の語句や符号を並べかえて，正しい英語にしましょう。ただし，文頭にくる語も小文字で書いてあります。

(1) あなたは京都に行ったのですよね。

[ Kyoto / didn't / to / you / , / went / you ]?

_____ ?

(2) ブラウンさんはスペイン語を話すことができませんよね。

[ speak / can't / Ms. Brown / can / Spanish / she / , ]?

_____ ?

**❹** 次の英語を日本語にしましょう。

(1) Tsuyoshi is a tall boy, isn't he?

[ 　　　　　　　　　　　　　　　　　　　　　　　　　 ]

(2) You won't go shopping tomorrow, will you?　　go shopping＝買い物に行く

[ 　　　　　　　　　　　　　　　　　　　　　　　　　 ]

**1** 次の（　）内から適当な語句を選んで，□に書きましょう。（4点×4）

(1) I don't know what ( this is / is this ).

▶ステージ 27

(2) ( How / What ) small this animal is!

▶ステージ 28

(3) Chie is a smart woman, ( is she / isn't she )?

▶ステージ 29

(4) He won't be here, ( won't he / will he )?

▶ステージ 29

**2** 次の日本語に合うように，＿＿に入る適当な語を□に書きましょう。（5点×5）

(1) あなたは彼女（かのじょ）がいつ昼食を食べるか知っていますか。
Do you know when ＿＿＿＿ ＿＿＿＿ lunch?

▶ステージ 27

(2) あなたはどこで彼（かれ）に会ったのか，私に教えてください。
Please tell me ＿＿＿＿ you ＿＿＿＿ him.

▶ステージ 27

(3) あなたのお父さんはなんて背が高いのでしょう。
＿＿＿＿ ＿＿＿＿ your father is!

▶ステージ 28

(4) あれはなんて美しい山なのでしょう。
＿＿＿＿ ＿＿＿＿ beautiful mountain that is!

▶ステージ 28

(5) 彼は私たちの家に来ましたよね。
He came to our house, ＿＿＿＿ ＿＿＿＿?

▶ステージ 29

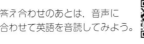
月　日

⑤章

いろいろな文

**3** 次の日本語に合うように，[　　]内の語句や符号を並べかえて，正しい英語に
しましょう。ただし，文頭にくる語も小文字で書いてあります。（6点×4）

(1) あなたたちはメグがいつ駅に着いたか知っていますか。

[ at / know / when / Meg / the station / arrived / do / you ]?

_____? ステージ 27

(2) 私たちは彼が何を歌うのか知りません。

[ don't / what / sings / he / we / know ].

_____. ステージ 27

(3) これはなんておもしろい話なのでしょう。

[ an / story / interesting / this / is / what ]!

_____! ステージ 28

(4) 彼らはその試合に勝つことができますよね。

[ can't / win / they / , / the game / can / they ]?

_____? ステージ 29

**4** 次の英語を日本語にしましょう。（7点×5）

(1) She doesn't know what I bought today.

[
_____ ] ステージ 27

(2) How fast Kenta talks!

[
_____ ] ステージ 28

(3) What a wonderful place this is!　　　　　wonderful＝素晴らしい

[
_____ ] ステージ 28

(4) He loves his family, doesn't he?

[
_____ ] ステージ 29

(5) They are junior high school students, aren't they?　junior high school student＝中学生

[
_____ ] ステージ 29

**ステージ**

**㉗** I don't know <u>what it is.</u>

〈疑問詞＋主語＋動詞 ～〉 （私はそれが何なのか知りません。）

Do you know <u>when she cooks?</u>

（あなたは彼女（かのじょ）がいつ料理するのか知っていますか。）

Please tell me <u>where you bought it.</u>

（あなたはどこでそれを買ったのか，私に教えてください。）

**㉘** <u>How beautiful this flower is!</u>

〈How ＋形容詞または副詞＋主語＋動詞 !〉

（この花はなんて美しいのでしょう。）

<u>What a beautiful flower this is!</u>

〈What (a/an) ＋形容詞＋名詞＋主語＋動詞 !〉

（これはなんて美しい花なのでしょう。）

**㉙** Kenta is a good boy, <u>isn't he?</u>

（ケンタはよい男の子ですよね。） コンマ 〈否定の短縮形＋主語？〉

He won't come to the party, <u>will he?</u>

（彼（かれ）はパーティーに来ないですよね。） コンマより前が否定文なら，肯定の形

**黄金（おうごん）の羅針盤（らしんばん）をGET！**

次のしくみの部屋へGO!

# 6章 文のしくみ

羅針盤を使ってようやく沼を抜けた3人は，鏡だらけのしくみの部屋にたどり着く。その部屋から抜け出すために，エイミーとゴータはサルといっしょに「文のしくみ」を学ぶことに。〈give＋人＋もの〉や〈tell＋人＋that 〜〉など，語順に注意しなければいけないものがあるようだ。魔法のメガネを手に入れて部屋から脱出することはできるのか…？

# 「（人）に（もの）を〜します」

「だれに」の部分を先にいうことに注意しよう！

 **ここがカギ！**

「（人）に〜をあげます」という場合，〈give＋人＋もの〉の語順になります。動詞のあとに**目的語が2つ続く**表現です。

I will **give** him a book. （私は彼に本をあげるつもりです。）

人　もの

give のあとは，〈人＋もの〉の順だよ！

これあげるよ

 **ここがカギ！**

ほかにも，「（人）に〜を見せます」は〈show＋人＋もの〉，「（人）に〜を教えます」は〈tell＋人＋もの〉の語順で表します。

They will **show** you a picture.

人　もの

（彼らはあなたに写真を見せるでしょう。）

Please **tell** me the way to the station.

人　もの

（私に駅への道を教えてください。）

show, tell のあとも，〈人＋もの〉の順だね！

the way to 〜は「〜への道」という意味じゃ！

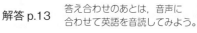

# 解いてみよう！

**1** 次の日本語に合うように，_____ に□から適当な語を入れて，英語を完成させましょう。

(1) 私は彼に何かをあげるつもりです。

I will give _____ _____.

(2) 彼女(かのじょ)は私に帽子(ぼうし)を見せました。

She _____ _____ a hat.

showed
me
him
something

**2** 次の日本語に合うように，_____ に適当な語を書きましょう。

(1) 私たちは彼女に花をあげました。

We _____ _____ a flower.

(2) 私にあなたの家を見せてください。

Please _____ _____ _____ _____.

**3** 次の日本語に合うように，[　　]内の語句を並べかえて，正しい英語にしましょう。ただし，文頭にくる語も小文字で書いてあります。

(1) ハナは彼らに何枚かのCDをあげるでしょう。

Hana [ some CDs / will / them / give ].

Hana _____.

(2) 私に空港への道を教えてください。　　　　　　　　　　空港＝airport

[ the / tell / to / please / the airport / way / me ].

_____.

**4** (　　)内の語句を用いて，次の日本語を英語にしましょう。

(1) 私はあなたに，何冊かのノートをあげるつもりです。（ some notebooks ）

_____

(2) ジョージは私たちに新しいカメラを見せました。（ George ）

_____

# 文のしくみ②
# 「（人）に（こと）を〜します」

目的語にthatではじまる文や間接疑問を置くパターンを学習しよう！

ここが
カギ！

目的語として文を入れたい場合は〈that＋主語＋動詞 〜〉の形を置くことができます。たとえば，「（人）に〜だといいます」は〈tell＋人＋that＋主語＋動詞 〜〉で表します。

I will  tell  him  that I like tennis.

人　　　　 that＋主語＋動詞 〜

（私は彼に，自分はテニスが好きだというつもりです。）

〈that ＋ふつうの文の形〉
の前に「人」が入る！！

ここが
カギ！

ステージ㉗で学んだ，間接疑問〈疑問詞＋主語＋動詞 〜〉を目的語として用いることもできます。tellやaskなどの動詞がよくこの形をとります。

We will  ask  him  where he lives.

人　　　　疑問詞＋主語＋動詞 〜

（私たちは彼に，彼がどこに住んでいるのかを聞くつもりです。）

Please  tell  me  what this is.

人　　　　疑問詞＋主語＋動詞 〜

（私に，これが何なのかを教えてください。）

〈疑問詞＋ふつうの文の形〉を
「人」のあとに続ける！！

これ
なに？

**1** 次の日本語に合うように，＿＿＿ に □ から適当な語を入れて，英語を完成させましょう。

(1) 彼はいつも彼女に，自分はこのTシャツが好きだといいます。

He always ＿＿＿＿＿ her ＿＿＿＿＿ he likes this T-shirt.

(2) 彼女は彼に，彼がどこでそれを買ったのかを聞くでしょう。

She will ＿＿＿＿＿ him ＿＿＿＿＿ he bought it.

told　ask　tells　asks　where　that

**2** 次の日本語に合うように，＿＿＿ に適当な語を書きましょう。

(1) 彼女はときどき私に，夕食を作ることができるといいます。

She sometimes ＿＿＿＿＿ me ＿＿＿＿＿ she can cook dinner.

(2) 私は彼に，彼の誕生日がいつなのかを聞くつもりです。

I will ＿＿＿＿＿ ＿＿＿＿＿ ＿＿＿＿＿ his birthday is.

**3** 次の日本語に合うように，[　]内の語を並べかえて，正しい英語にしましょう。ただし，文頭にくる語も小文字で書いてあります。

(1) 私の母は毎日私に，私のことを愛しているといいます。

My mother [ me / that / tells / loves / she ] me every day.

My mother ＿＿＿＿＿＿＿＿＿＿＿＿＿＿＿＿＿＿ me every day.

(2) 私たちはリホに，彼女が何を好きなのかを聞くつもりです。

[ Riho / we / she / likes / will / ask / what ].

＿＿＿＿＿＿＿＿＿＿＿＿＿＿＿＿＿＿＿＿＿＿＿.

**4** 次の英語を日本語にしましょう。

Please tell me what you cooked this morning.

[　　　　　　　　　　　　　　　　　　　　　　　　　]

**6章**

文のしくみ

# 「(人・もの)を～と呼びます」

 callやname, makeを使った文は語順に注意しよう！

**ここが カギ！** 「(人・もの)を～と呼びます」は，〈call＋人・もの＋呼び方〉という語順で表します。また，「(人・もの)を～と名づけます」という意味の〈name＋人・もの＋名前〉も，同じ形をとります。

I call her Aki. （私は彼女をアキと呼びます。）

call 人 呼び方

call A B で「A を B と呼ぶ」，name A B で「A を B と名づける」じゃ！

He named his dog Taro.

name もの 名前

（彼は彼の犬をタロウと名づけました。）

**ここが カギ！** 「(人・もの)を～にします」も，〈make＋人・もの＋形容詞〉というように，動詞のすぐあとに「(人・もの)を」の部分を続けます。

This picture makes me happy.

（この写真は私を幸せにします。） make 人 形容詞

The movie made us sad.

make 人 形容詞

（その映画は私たちを悲しくさせました。）

make A B の形で，「A を B にする」だね！

# 解いてみよう！

解答 p.13

**1** 次の日本語に合うように，_____ に□から適当な語を入れて，英語を完成させましょう。

(1) 私は彼女をハルと呼びます。

I _____ _____ Haru.

(2) 彼女の笑顔は私を幸せにします。　　笑顔＝smile

Her smile _____ _____ happy.

makes　call　her　me

**2** 次の日本語に合うように，_____ に適当な語を書きましょう。

(1) 彼は私をユカと呼びます。

He _____ _____ Yuka.

(2) この写真は私たちを悲しくさせました。

This picture _____ _____ _____ .

**3** 次の日本語に合うように，[　　]内の語句を並べかえて，正しい英語にしましょう。ただし，文頭にくる語も小文字で書いてあります。

(1) 私たちはあのネコをタマと名づけました。

[ named / we / cat / that / Tama ].

_____ .

(2) そのニュースは彼女を怒らせました。

[ the news / her / made / angry ].

_____ .

**4** (　　)内の語を用いて，次の日本語を英語にしましょう。

(1) 私は彼をケンと呼びました。　( Ken )

_____

(2) その歌は私を眠くさせます。　( sleepy )

_____

解答 p.14    /100点

**1** 次の（　）内から適当な語句を選んで，□に書きましょう。(4点×4)

(1) He gave ( me a present / a present me ).

▶ステージ 30

(2) I will tell ( her that / that her ) I like volleyball.

▶ステージ 31

(3) She ( tells / calls ) him Jack.

▶ステージ 32

(4) This letter made ( happy us / us happy ).

▶ステージ 32

**2** 次の日本語に合うように，＿＿に入る適当な語を□に書きましょう。(5点×5)

(1) あなたの祖母は私に古い写真を見せました。
Your grandmother ＿＿＿＿ ＿＿＿＿ old pictures.

▶ステージ 30

(2) 私に郵便局への道を教えてください。
Please tell me ＿＿＿＿ ＿＿＿＿ to the post office.

▶ステージ 30

(3) エリは彼に，彼がどこで夕食を食べたのかを聞くでしょう。
Eri will ＿＿＿＿ him ＿＿＿＿ he had dinner.

▶ステージ 31

(4) 私はいつも彼女に，自分はトマトが嫌いだといいます。
I always tell ＿＿＿＿ ＿＿＿＿ I don't like tomatoes.

▶ステージ 31

(5) 彼らは彼らのウサギをシロと名づけました。
They ＿＿＿＿ their rabbit Shiro.

▶ステージ 32

**3** 次の日本語に合うように，[　　]内の語句を並べかえて，正しい英語にしましょう。ただし，文頭にくる語も小文字で書いてあります。(6点×4)

(1) 私たちは彼女に新しいおもちゃをあげるつもりです。　　　　おもちゃ＝toy

[ her / we'll / give / a new toy ].

_____. ▶ステージ **30**

(2) 私たちに，あなたが何といったのかを教えてください。

[ us / what / said / you / please / tell ].

_____. ▶ステージ **31**

(3) 私はリョウタに，自分はバスケットボールが好きだというつもりです。

[ will / Ryota / like / tell / basketball / I / that / I ].

_____. ▶ステージ **31**

(4) この音楽は私を眠くさせます。

[ makes / music / sleepy / this / me ].

_____. ▶ステージ **32**

**4** 次の英語を日本語にしましょう。(7点×5)

(1) Mana will show her friend a new hat.

[　　　　　　　　　　　　　　　　　　　　] ▶ステージ **30**

(2) Please tell me the way to the library.

[　　　　　　　　　　　　　　　　　　　　] ▶ステージ **30**

(3) We'll ask him when he bought this.

[　　　　　　　　　　　　　　　　　　　　] ▶ステージ **31**

(4) He called her Mayu.

[　　　　　　　　　　　　　　　　　　　　] ▶ステージ **32**

(5) A sunny day makes us happy.

[　　　　　　　　　　　　　　　　　　　　] ▶ステージ **32**

6章

文のしくみ

**ステージ**

**30** I will give him a book.

〔人〕 〔もの〕

（私は彼（かれ）に本をあげるつもりです。）

**31** I will tell him that I like tennis.

〔人〕 〈that ＋主語＋動詞 〜〉

（私は彼に，自分はテニスが好きだというつもりです。）

Please tell me what this is.

〔人〕 〈疑問詞＋主語＋動詞 〜〉

（私に，これが何なのかを教えてください。）

**32** I call her Aki.

〈call ＋人・もの＋呼び方〉

（私は彼女（かのじょ）をアキと呼びます。）

This picture makes me happy.

〈make ＋人・もの＋形容詞〉

（この写真は私を幸せにします。）

語順に注意！

 魔法（まほう）のメガネをGET！

次の後ろ山へGO!

# 7章 後ろから修飾する形

部屋から抜け出すと，そこには後ろ山と呼ばれる山があった。登っていくと，ゴブリンが現れる。師匠(ししょう)から事情を聞いたゴブリンは，2人に「後ろから修飾(しゅうしょく)する形」を教えてくれるという。前置詞や不定詞，現在分詞や過去分詞を使って，後ろから名詞を説明することができるようだ。エイミーとゴータはそれらを理解し，魔法(まほう)の笛を手に入れることができるのか…？

後ろ山

…

ほう，山がある。登ってみよう

鏡だらけで目が回ったよ…

①

見ない顔だな。見習いか？

そうなんじゃ。今，修行の旅に出ておるのじゃ

②

それなら後ろから修飾する形を教えてやろう

ゴブリン

③

マスターできたら，この「魔法の笛」をあげようじゃないか

魔法の笛？

④

そう，ピンチの時にこの笛を吹けば，動物たちが助けに来てくれる

それはすごい…！

⑤

さあ，準備はいいかい？いくよ！

うん!!

⑥

# 「〜の…」「〜するための…」

名詞の後ろに前置詞や〈to＋動詞の原形〉を続けよう！

英語では，**後ろから名詞をよりくわしく説明する**ことができ，これを**後置修飾**といいます。まず，名詞の後ろに**前置詞**を続けるパターンがあります。

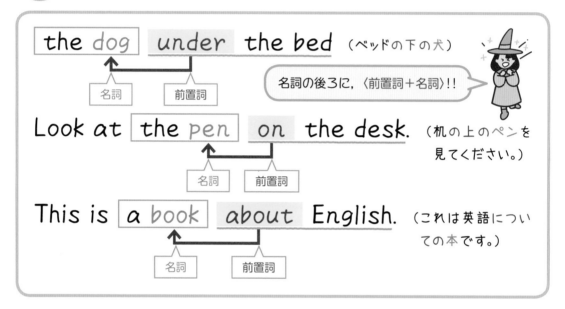

the dog under the bed （ベッドの下の犬）

名詞　前置詞

名詞の後ろに，〈前置詞＋名詞〉!!

Look at the pen on the desk. （机の上のペンを見てください。）

名詞　前置詞

This is a book about English. （これは英語についての本です。）

名詞　前置詞

ステージ**20**で学習した，不定詞の形容詞的用法を使った後置修飾もあります。名詞の後ろから，「**〜するための**」「**〜するべき**」という意味をつけ加えます。

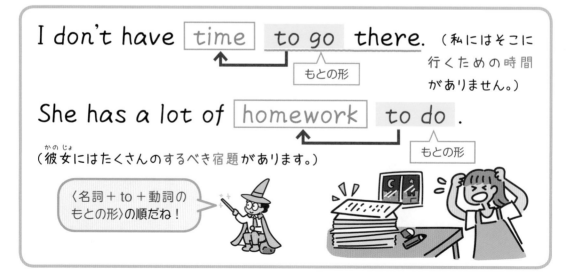

I don't have time to go there. （私にはそこに行くための時間がありません。）

もとの形

She has a lot of homework to do.

もとの形

（彼女にはたくさんのするべき宿題があります。）

〈名詞 ＋ to ＋ 動詞のもとの形〉の順だね！

## 解いてみよう！

**1** 次の日本語に合うように，＿＿＿＿ に ☐ から適当な語を入れて，英語を完成させましょう。

(1) これは日本の歴史についての本です。

This is a book ＿＿＿＿＿＿ Japanese history.

(2) 私たちにはたくさんの学ぶべきことがあります。

We have a lot of things ＿＿＿＿＿＿ ＿＿＿＿＿＿ .

| learning　on　learn　about　to |

**2** 次の日本語に合うように，＿＿＿＿ に適当な語を書きましょう。

(1) 木の下の女の子は私の妹です。

The ＿＿＿＿＿＿ ＿＿＿＿＿＿ the tree is my sister.

(2) それは星についての映画です。

It is a ＿＿＿＿＿＿ ＿＿＿＿＿＿ stars.

**3** 次の日本語に合うように，[ 　]内の語句を並べかえて，正しい英語にしましょう。ただし，文頭にくる語も小文字で書いてあります。

(1) 箱の中のプレゼントを見てください。
[ at / the box / the present / in / look ].

＿＿＿＿＿＿＿＿＿＿＿＿＿＿＿＿＿＿＿＿＿＿＿ .

(2) 私には食べるためのフルーツがいくつかあります。
[ some / to / have / I / eat / fruit ].

＿＿＿＿＿＿＿＿＿＿＿＿＿＿＿＿＿＿＿＿＿＿＿ .

**4** 次の英語を日本語にしましょう。

(1) Look at the cat by the door.

[
]

(2) I don't have money to buy a car.

[
]

7章

後ろから修飾する形

# 「〜している…」

名詞を説明する現在分詞の位置に注意しよう！

**ここがカギ！** 名詞を後ろから説明するとき，**現在分詞**(動詞の ing 形) を使うこともできます。
「**〜している…**」という意味を表します。

the boy  running  in the park

（公園で走っている男の子）

Look at  the girl  reading  a book.

（本を読んでいる女の子を見てください。）

名詞の後ろに
動詞の ing 形じゃ！

**ここがカギ！** 現在分詞の後ろに語句が続かず，**1語で名詞を説明する**場合は，形容詞と同じ
ように**名詞の前に現在分詞を置きます**。

the  running  boy

（走っている男の子）

The  sleeping  baby  is my sister.

（眠（ねむ）っている赤ちゃんは私の妹です。）

1語で説明するなら，
名詞の前に置く！

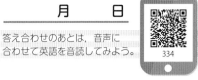

月　　　日

解答 p.14

答え合わせのあとは，音声に
合わせて英語を音読してみよう。

334

**1** 次の日本語に合うように，_____ に□から適当な語を入れて，英語を完成させましょう。

(1) ベンチに座っている女の子がマイです。

The girl _____ on the bench is Mai.

(2) ベンチの近くには眠っている犬がいます。

There is a _____ dog near the bench.

sit　sitting　sleep　sleeping

**2** 次の日本語に合うように，_____ に適当な語を書きましょう。

(1) その先生と話している男の子がケンです。

The _____ _____ with the teacher is Ken.

(2) 泣いている女の子を見てください。

Look at the _____ _____ .

**3** 次の日本語に合うように，[　　]内の語句を並べかえて，正しい英語にしましょう。ただし，文頭にくる語も小文字で書いてあります。

(1) 英語を勉強している子どもたちが何人かいます。
There are some [ English / children / studying ].

There are some _____ .

(2) ラジオを聞いている男の子が私の息子です。　　　　　　　　　息子＝ son
[ to / listening / the boy / the radio ] is my son.

_____ is my son.

**4** 次の英語を日本語にしましょう。

(1) The girl playing the piano is my friend.

[　　　　　　　　　　　　　　　　　　　　　　　　　]

(2) There are many people reading books here.

[　　　　　　　　　　　　　　　　　　　　　　　　　]

後ろから修飾する形

**7**章

過去分詞の後置修飾

# 「～された…」

名詞の前または後ろに過去分詞を置こう！

**ここが カギ！**

後置修飾には，**過去分詞**を使ったものもあります。**名詞の後ろに過去分詞**を続けて，「～された…」という意味を表します。

a photo　taken in 1964　（1964年に撮られた写真）

名詞　　　過去分詞

I have　a book　written　by him.

名詞　　　過去分詞

（私は彼によって書かれた本を持っています。）

名詞のあとに過去分詞で，「～された…」となるんじゃ！

**ここが カギ！**

ステージ❸で学習した現在分詞のときと同じように，**1語で名詞を説明する**場合は名詞の直前に過去分詞を置きます。

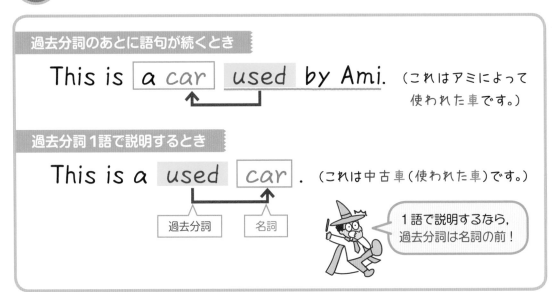

**過去分詞のあとに語句が続くとき**

This is　a car　used by Ami.　（これはアミによって使われた車です。）

**過去分詞1語で説明するとき**

This is a　used　car .　（これは中古車（使われた車）です。）

過去分詞　　名詞

1語で説明するなら，過去分詞は名詞の前！

**1** 次の日本語に合うように，_____ に□から適当な語を入れて，英語を完成させましょう。

(1) 私は，私の母によって作られた朝食が好きです。

I like _____ _____ by my mother.

(2) テーブルの上にゆで卵 (ゆでられた卵) があります。

There is a _____ _____ on the table.

| egg | breakfast | made | boiled |

ゆでられた＝boiled

**2** 次の日本語に合うように，_____ に適当な語を書きましょう。

(1) あれは私の父によって洗われた車です。

That is the _____ _____ by my father.

(2) これは2000年に建てられた学校です。

This is a _____ _____ in 2000.

**3** 次の日本語に合うように，[　　]内の語句を並べかえて，正しい英語にしましょう。ただし，文頭にくる語も小文字で書いてあります。

(1) 私は彼女によって書かれた手紙を読みました。

[ by / read / written / I / her / a letter ].

_____.

(2) あの割られた窓を見てください。

割られた＝broken

[ that / window / broken / look / at ].

_____.

**4** 次の英語を日本語にしましょう。

(1) I have a bag made in Italy.

[

]

(2) The language spoken here is English.

[

]

## ステージ 36

〈主語＋動詞 〜〉の後置修飾

# 「（人など）が〜する…」

〈主語＋動詞 〜〉で説明する場合は，動詞の形にも注意しよう！

**ここがカギ！** 文の形で名詞を後ろから説明することもできます。**名詞の後ろにふつうの文の形〈主語＋動詞 〜〉を続けて，「（人など）が〜する…」という意味を表します。**

the notebook　I use every day

名詞

（私が毎日使うノート）

Is there anything you want ?

名詞

（何か あなたがほしいもの はありますか。）

名詞の後ろにふつうの
文の形が続くんじゃ！

**ここがカギ！** 名詞に続く〈主語＋動詞 〜〉の部分でも，主語や内容に合わせて動詞の形をかえましょう。

I like the pictures he takes. （私は彼が撮る写真
が好きです。）

名詞

主語が he だから，
動詞に s!!

The book my mother gave me is interesting.

名詞

（私の母が私にくれた本はおもしろいです。）

過去の内容だから，
動詞が過去形だ！

100

月　　　日

解答 p.15　答え合わせのあとは，音声に合わせて英語を音読してみよう。

336

**1** 次の日本語に合うように，_____ に□から適当な語を入れて，英語を完成させましょう。

(1) 何かあなたが必要なものはありますか。

Is there _____ _____ _____?

(2) これは私がほしかったコンピューターです。

This is the computer _____ _____.

| need | anything | you | I | wanted |

**2** 次の日本語に合うように，_____ に適当な語を書きましょう。

(1) あなたは私がほしい本を持っていますか。

Do you have the book _____ _____?

(2) あなたが買った時計は高いです。

The watch _____ _____ is expensive.

**3** 次の日本語に合うように，[　　]内の語句を並べかえて，正しい英語にしましょう。ただし，文頭にくる語も小文字で書いてあります。

(1) これは彼が毎朝見る鳥です。

[ sees / is / the bird / he / this ] every morning.

_____ every morning.

(2) 私は彼女が京都で撮った写真が好きです。

[ like / she / the pictures / I / took ] in Kyoto.

_____ in Kyoto.

**4** 次の英語を日本語にしましょう。

(1) These are the pens I use every day.

[ 　　　　　　　　　　　　　　　　　　　　　　 ]

(2) The baseball game we watched was exciting.

[ 　　　　　　　　　　　　　　　　　　　　　　 ]

後ろから修飾する形
7章

**1▶** 次の（　）内から適当な語を選んで，▢に書きましょう。（4点×4）

(1) Look at the bird ( on / about ) the tree.

▷ステージ 33

(2) The girl ( watching / watches ) a video is my sister.

▷ステージ 34

(3) She has a book ( writing / written ) by me.

▷ステージ 35

(4) It's a ( broken / breaking ) window.

▷ステージ 35

**2▶** 次の日本語に合うように，＿＿に入る適当な語を▢に書きましょう。（5点×5）

(1) これは愛についての歌です。
This is a ＿＿＿＿ ＿＿＿＿ love.

▷ステージ 33

(2) 私にはギターを練習するための時間があります。
I have time ＿＿＿＿ ＿＿＿＿ the guitar.

▷ステージ 33

(3) 向こうで踊(おど)っている男の子を見てください。
Look at the ＿＿＿＿ ＿＿＿＿ over there.

▷ステージ 34

(4) あれは中国で作られたいすです。
That is a ＿＿＿＿ ＿＿＿＿ in China.

▷ステージ 35

(5) 彼女(かのじょ)が私にくれたかばんはかわいいです。
The bag ＿＿＿＿ ＿＿＿＿ me is cute.

▷ステージ 36

**3** 次の日本語に合うように，[　　]内の語句を並べかえて，正しい英語にしましょう。ただし，文頭にくる語も小文字で書いてあります。(6点×4)

(1) 子どもたちには友達と遊ぶための時間が必要です。

[ time / play / need / children / friends / to / with ].

_____.　ステージ 33

(2) 日本語を勉強している人たちが何人かいます。

[ Japanese / there're / people / studying / some ].

_____.　ステージ 34

(3) あれは1970年に建てられた家です。

[ is / built / that / a house / in 1970 ].

_____.　ステージ 35

(4) 何か彼女が好きなものはありますか。

[ there / anything / likes / is / she ]?

_____?　ステージ 36

**4** 次の英語を日本語にしましょう。(7点×5)

(1) Who is the girl drinking water?

[　　　　　　　　　　　　　　　　　　　]　ステージ 34

(2) The man reading a newspaper is my father.　　　newspaper＝新聞

[　　　　　　　　　　　　　　　　　　　]　ステージ 34

(3) This is a cooked fish.

[　　　　　　　　　　　　　　　　　　　]　ステージ 35

(4) I like the class he teaches.

[　　　　　　　　　　　　　　　　　　　]　ステージ 36

(5) The book I read last night was exciting.

[　　　　　　　　　　　　　　　　　　　]　ステージ 36

**7章**

後ろから修飾する形

103

**ステージ**

**㉝** This is a book about English.

〔名詞の後ろに前置詞〕

（これは英語についての本です。）

I don't have time to go there.

〔名詞の後ろに〈to ＋動詞の原形（もとの形）〉〕

（私にはそこに行くための時間がありません。）

**㉞** Look at the girl reading a book.

〔名詞の後ろに現在分詞（動詞の ing 形）〕

（本を読んでいる女の子を見てください。）

**㉟** I have a book written by him.

〔名詞の後ろに過去分詞〕

（私は彼（かれ）によって書かれた本を持っています。）

**㊱** I like the pictures he takes.

〔名詞の後ろに〈主語＋動詞 ～〉〕

（私は彼が撮（と）る写真が好きです。）

名詞の後ろに
注目だね！

魔法（まほう）の笛をGET！

次の関係の
崖（がけ）へGO!

# 8章 関係代名詞

今度は関係の崖という崖を登る3人。ふいにゴータが足を踏み外すが，エイミーがとっさに魔法の笛を吹いたおかげで，ゴータはカラスに助けられる。ピンチを救ったカラスは，2人に「関係代名詞」を教えてくれるという。関係代名詞にはwho，which，thatの3つがあるようだ。無事にマスターして，カギの在り処を示す地図を手に入れることはできるのか…？

# 関係代名詞とは

関係代名詞の働きを学ぼう！

**ここがカギ！** **関係代名詞**は，名詞を後ろから説明するときにその説明が始まる部分に置かれ，どこから説明が始まっているのかが分かる目印になります。

**ここがカギ！** 関係代名詞には，who，which，thatの３つがあります。「人」を説明するときにはwho，「もの」を説明するときにはwhichを使います。また，関係代名詞のあとに続く文では，**どこかに名詞が抜けている**状態になります。

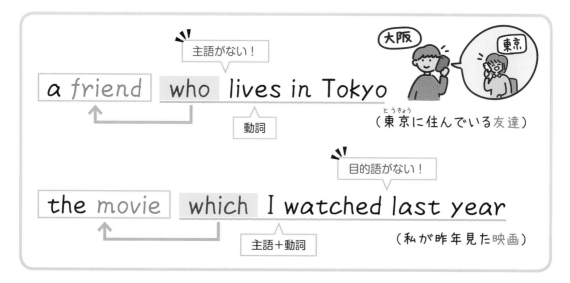

# 解いて みよう！

解答 p.16

答え合わせのあとは，音声に
合わせて英語を音読してみよう。

337

**1** 次の日本語に合うように，_____ に□から適当な語を入れて，英語を完成させましょう。

(1) 私にはこの本を好きな友達がいます。

I have a _____ _____ likes this book.

(2) 私はその話を書いた女性を知っています。

I know the _____ _____ wrote the story.

who　woman　friend　who　which

**2** 次の日本語に合うように，[ ]内の語を並べかえて，正しい英語にしましょう。

(1) これは彼<sub>かれ</sub>がとてもほしかったかばんです。

This is a bag [ he / which / wanted ] very much.

This is a bag _____ very much.

(2) 私には中国語を話す友達がいます。

I have a friend [ Chinese / speaks / who ].

I have a friend _____.

(3) これは私たちが今日歌った歌です。

This is a song [ sang / today / which / we ].

This is a song _____.

**3** 次の英語を日本語にしましょう。

(1) a girl who came here yesterday

[ ]

(2) the animal which he likes

[ ]

(3) a man who lives here

[ ]

# 修飾する名詞が人のとき

人を表す名詞のあとには，関係代名詞whoを使おう！

**ここが カギ！**
「人」について**後ろから説明を加える**ときは，関係代名詞**who**を使います。
また，whoの後ろには**動詞**を続けます。

I have a friend .　　（私には友達がいます。）

+

The friend can speak English.

（その友達は英語を話すことができます。）

↓

I have a friend who can speak English.

（私には英語を話すことができる友達が
います。）

人　　関係代名詞who

人を表す名詞なら，
関係代名詞はwhoじゃ！

**ここが カギ！**
関係代名詞whoのあとに続く文の主語は前に置かれた名詞なので，それに合
わせて動詞も変形させます。

I have a brother who lives in Okinawa.

人　　関係代名詞who

（私には沖縄に住んでいる兄[弟]がいます。）

a brother だから，
live ではなく lives だよ！

月　　　　日

答え合わせのあとは，音声に
合わせて英語を音読してみよう。
338

**1** 次の日本語に合うように，＿＿＿＿ に □ から適当な語を入れて，英語を完成させましょう。

(1) 私には野球をする弟がいます。

I have a ＿＿＿＿＿＿ ＿＿＿＿＿＿ plays baseball.

(2) 彼<sup>かれ</sup>はスポーツが好きな男の子です。

He is a ＿＿＿＿＿＿ ＿＿＿＿＿＿ likes sports.

who　which　boy　brother　who

**2** 次の日本語に合うように，＿＿＿＿ に適当な語を書きましょう。

(1) 私にはヴァイオリンを演奏することができる友達がいます。

I have a ＿＿＿＿＿＿ ＿＿＿＿＿＿ can play the violin.

(2) 私たちに中国語を教える男性はグリーンさんです。

The man ＿＿＿＿＿＿ ＿＿＿＿＿＿ us Chinese is Mr. Green.

**3** 次の日本語に合うように，[　]内の語句を並べかえて，正しい英語にしましょう。ただし，文頭にくる語も小文字で書いてあります。

(1) 私たちにはスペイン語を話すことができる先生がいます。
We have [ Spanish / speak / a teacher / who / can ].

We have ＿＿＿＿＿＿＿＿＿＿＿＿＿＿＿＿＿＿＿＿＿ .

(2) 私には名古屋<sup>な ご や</sup>に住んでいる妹がいます。
[ a sister / who / I / lives / have ] in Nagoya.

＿＿＿＿＿＿＿＿＿＿＿＿＿＿＿＿＿＿＿ in Nagoya.

**4** 次の英語を日本語にしましょう。

(1) I know the woman who made this cake.

[　　　　　　　　　　　　　　　　　　　　　　]

(2) They are students who live in Tokyo.

[　　　　　　　　　　　　　　　　　　　　　　]

8章

関係代名詞

ステージ

# 39 修飾する名詞がもののとき

関係代名詞の主格 which

「もの」を表す名詞のあとには，関係代名詞 which を使おう！

**ここがカギ!** ステージ 38 で学習した関係代名詞 who は「人」に対して使いますが，「もの」について後ろから説明を加えるときは which を使います。

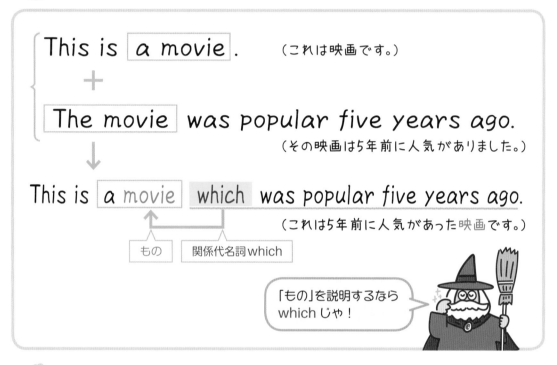

This is **a movie** .　　（これは映画です。）

＋

**The movie** was popular five years ago.

（その映画は5年前に人気がありました。）

↓

This is **a movie** **which** was popular five years ago.

（これは5年前に人気があった映画です。）

もの　　関係代名詞 which

「もの」を説明するなら which じゃ！

**ここがカギ!** 関係代名詞 who と同じように，前に置かれた名詞や内容に応じて，which のあとに続く動詞の形を合わせます。

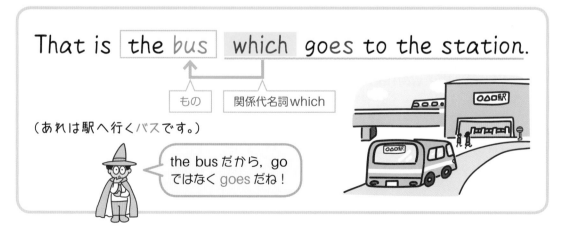

That is **the bus** **which** goes to the station.

もの　　関係代名詞 which

（あれは駅へ行くバスです。）

the bus だから，go ではなく goes だね！

## 解いてみよう！

解答 p.16　答え合わせのあとは，音声に合わせて英語を音読してみよう。

月　　日

**1** 次の日本語に合うように，_____ に □ から適当な語を入れて，英語を完成させましょう。

(1) これは大阪（おおさか）で有名な食べ物です。

This is ＿＿＿＿＿＿ ＿＿＿＿＿＿ is famous in Osaka.

(2) 私たちは特別メニューがあるレストランに行きました。

We went to the ＿＿＿＿＿＿ ＿＿＿＿＿＿ has a
special menu.

restaurant　which　food　which

**2** 次の日本語に合うように，_____ に適当な語を書きましょう。

(1) 彼女（かのじょ）は３年前に建てられた図書館に行きました。

She went to the ＿＿＿＿＿＿ ＿＿＿＿＿＿ was built three years ago.

(2) あれは観光客の間で人気のホテルです。　　　観光客＝tourist　〜の間で＝among

That is the hotel ＿＿＿＿＿＿ is popular among tourists.

**3** 次の日本語に合うように，[ 　 ]内の語句を並べかえて，正しい英語にしましょう。ただし，文頭にくる語も小文字で書いてあります。

(1) あれは朝７時に開店するスーパーマーケットです。

[ the supermarket / opens / is / which / that ] at 7 a.m.

＿＿＿＿＿＿＿＿＿＿＿＿＿＿＿＿＿＿＿＿＿ at 7 a.m.

(2) ポケットが３つあるコートは便利です。　　　便利な＝useful

[ pockets / a coat / three / has / which ] is useful.

＿＿＿＿＿＿＿＿＿＿＿＿＿＿＿＿＿＿＿＿＿ is useful.

**4** 次の英語を日本語にしましょう。

We sang the song which is famous in Japan.

[ 　　　　　　　　　　　　　　　　　　　　　　　　　 ]

**8章**

**関係代名詞**

37　38　39　40　41　

111

# 40

関係代名詞の主格that

# 修飾する名詞が人またはもののとき

「人またはもの」を説明する関係代名詞thatを学習しよう！

**ここがカギ！** 関係代名詞には，これまで学習したwhoとwhichのほかに**that**があります。thatは，「人」と「もの」のどちらを説明するときにも使うことができます。

The girl | that | came here yesterday is my sister.

人 ｜ 関係代名詞that

（昨日ここに来た女の子は私の姉［妹］です。）

Is this | the bus | that | goes to Osaka?

もの ｜ 関係代名詞that

（これは大阪へ行くバスですか。）

関係代名詞 that は，人・もの両方に使えるんじゃ！

**ここがカギ！** 説明する名詞が「人」と「もの」の**両方を含む**場合は，関係代名詞はthatを使いましょう。

I know | the boy and the dog | that | are running in the park.

人 ｜ もの（動物） ｜ 関係代名詞that

（私は，公園で走っている男の子と犬を知っています。）

「人＋もの」を説明するなら that を使おう！

## 解いてみよう！

解答 p.16

答え合わせのあとは，音声に合わせて英語を音読してみよう。
340

**1** 次の日本語に合うように，_____ に □ から適当な語を入れて，英語を完成させましょう。

(1) 私は，本を読んでいるその女の子を知っています。

I know the _____ _____ is reading a book.

(2) 昨日ここにあった本は彼女のものです。

The _____ _____ was here yesterday is hers.

| that　girl　book　that |

**2** 次の日本語に合うように，_____ に適当な語を書きましょう。

(1) 彼にはこの近くに住んでいる友達がいます。

He has a _____ _____ lives near here.

(2) これはアメリカで人気のある映画ですか。

Is this the _____ _____ is popular in America?

**3** 次の日本語に合うように，[　]内の語句を並べかえて，正しい英語にしましょう。ただし，文頭にくる語も小文字で書いてあります。

(1) 彼女がその有名な歌を歌う歌手です。

[ that / she / sings / the singer / is ] the famous song.

_____ the famous song.

(2) これは渋谷へ行く電車です。

[ goes / this / to / that / is / the train ] Shibuya.

_____ Shibuya.

**4** 次の英語を日本語にしましょう。

We know the woman and the dog that are walking in the park.

[ 　　　　　　　　　　　　　　　　　　　　　　　　　 ]

8章

関係代名詞

# 目的語の働きをする関係代名詞

関係代名詞に続く文で，目的語が抜けることに注意しよう！

説明される名詞が関係代名詞に続く文の中で「～を[に]」の部分（目的語）になる場合，関係代名詞は which または that を使い，後ろにはふつうの文の形〈主語＋動詞 ～〉を続けます。

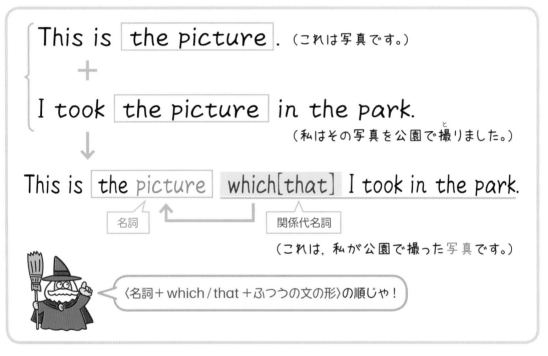

This is the picture .（これは写真です。）

＋

I took the picture in the park.
（私はその写真を公園で撮りました。）

↓

This is the picture which[that] I took in the park.

名詞　←　関係代名詞

（これは，私が公園で撮った写真です。）

〈名詞＋which / that ＋ふつうの文の形〉の順じゃ！

目的語の働きをする関係代名詞は，省略することができます。ステージ㊱で学習した，〈主語＋動詞 ～〉を使った後置修飾の文と同じ形です。

(which / that)

The movie I watched yesterday was interesting.

名詞　主語　動詞

（私が昨日見た映画はおもしろかったです。）

目的語の働きをする
which / that は
省略できるんだね！

# 解いてみよう！

解答 p.17

**1** 次の日本語に合うように，_____ に ☐ から適当な語を入れて，英語を完成させましょう。

(1) これは私の父が撮った写真です。

This is the _____ _____ my father took.

(2) これは私の弟が買ったギターです。

This is the _____ _____ my brother bought.

| which　picture　which　guitar |

**2** 次の日本語に合うように，_____ に適当な語を書きましょう。

(1) これは私が毎日使うかばんです。

This is the bag _____ _____ _____ every day.

(2) 彼女（かのじょ）が見た映画はとても人気です。

The movie _____ _____ _____ is very popular.

**3** 次の日本語に合うように，[　　]内の語句を並べかえて，正しい英語にしましょう。ただし，文頭にくる語も小文字で書いてあります。

(1) これは私が昨日読んだ雑誌です。

[ the magazine / read / is / I / that / this ] yesterday.

_____ yesterday.

(2) 私が買ったいすは小さいです。

[ which / is / I / small / bought / the chair ].

_____ .

**4** 次の英語を日本語にしましょう。

This is the festival many people know.

[

]

8章

関係代名詞

**1** 次の（ ）内から適当な語を選んで，□に書きましょう。（4点×4）

(1) I have a friend ( who / which ) speaks Japanese.

▶ステージ **38**

(2) This is a movie ( who / which ) is famous around the world.

▶ステージ **39**

(3) We know the girl and the dog ( that / who ) are walking along the river.

▶ステージ **40**

(4) These are the pictures ( who / which ) I took in Okinawa.

▶ステージ **41**

**2** 次の日本語に合うように，___ に入る適当な語を□に書きましょう。（5点×5）

(1) 私にはイギリスに住んでいる友達がいます。
I have a _____ _____ lives in England.

▶ステージ **38** **40**

(2) あれは東京へ行く電車です。
That is the _____ _____ goes to Tokyo.

▶ステージ **39** **40**

(3) 私は, 向こうで走っている男性と犬を知っています。
I know the man and the dog _____ are running over there.

▶ステージ **40**

(4) こちらは私が彼女のために書いた手紙です。
Here is the _____ _____ I wrote for her.

▶ステージ **41**

(5) 私たちがいっしょに料理をしたカレーはおいしかったです。　　いっしょに＝together
The curry _____ we cooked together _____ great.

▶ステージ **41**

**3** 次の日本語に合うように，[　　]内の語句を並べかえて，正しい英語にしましょう。ただし，文頭にくる語も小文字で書いてあります。(6点×4)

(1) 私たちはバドミントンをする女の子を知っています。

[ plays / we / a girl / who / know ] badminton.

_____ badminton. ステージ 38

(2) 日本は四季を持つ国です。

[ which / four seasons / is / a country / Japan / has ].

_____ . ステージ 39

(3) こちらが３か国語を話す女性ですか。

[ the woman / is / this / three languages / speaks / that ]?

_____ ? ステージ 40

(4) これは彼が私にくれたアイデアです。

[ this / the idea / he / is / gave / me ].

_____ . ステージ 41

**4** 次の英語を日本語にしましょう。(7点×5)

(1) The man who uses this computer is Mr. Kimura.

[ 
] ステージ 38

(2) This is the word which helped me.

[ 
] ステージ 39

(3) I went to the museum that was built ten years ago.

[ 
] ステージ 40

(4) We like the books he writes.

[ 
] ステージ 41

(5) The radio program which he listens to is very long.　radio program＝ラジオ番組

[ 
] ステージ 41

**8章** 関係代名詞

117

**ステージ**

**37** a friend who lives in Tokyo （東京に住んでいる友達）

〔名詞を後ろから説明するときに置く関係代名詞〕

**38** I have a friend who can speak English.

〈「人」を表す名詞＋ who 〜〉

（私には英語を話すことができる友達がいます。）

**39** That is the bus which goes to the station.

〈「もの」を表す名詞＋ which 〜〉

（あれは駅へ行くバスです。）

**40** The girl that came here yesterday is my sister.

〈「人・もの」を表す名詞＋ that 〜〉

（昨日ここに来た女の子は私の姉［妹］です。）

**41** This is the picture which I took in the park.

〈名詞＋関係代名詞＋主語＋動詞 〜〉

（これは，私が公園で撮った写真です。）

カギの在り処を示す地図をGET！

次のモシモ火山へGO！

118

# ⑨章 仮定法

　カラスにもらった地図を見て，モシモ火山にやってきた3人。そこには大きなドラゴンがいて，「仮定法」を教えてくれることになる。仮定法は，現実とは違うことを話すときに使う形で，動詞の形に特に注意しなくてはならないようだ。不安そうなエイミーとゴータだが，はたして2人は新しい世界への扉のカギを手に入れることができるのか…？

① ふむふむ…
「新しい世界への扉のカギ」はモシモ火山にあるんじゃな…

② さっそく行ってみるのじゃ！

③ モシモ火山
ドラゴン
わあ!!
ははは、ごめんよびっくりさせたね

④ カギを求めてここに来たんだろう？
そうなんです…！

⑤ でもそう簡単には渡せないぞ？
仮定法をちゃんと理解していないと…
仮定法か…！

⑥ 教えてやるが、ついてこれるか？
…お願いします！

仮定法の基礎知識
# 仮定法とは

現実とは違うことについて話すときの形を学ぼう！

**ここが カギ！**

**現実とは違うことを話す**ときの形を**仮定法**といいます。仮定法では，現在のことをいう場合には**過去形**を使います。また，仮定を表すif「もし〜なら」の文でよく仮定法が使われます。

I have a car. （私は車を持っています。）

If I had a car, ... （もし私が車を持っていたら，…）

過去形
実際は持っていない！

仮定法は「もし仮に〜だとすれば」といいたいときに使うよ！

**ここが カギ！**

ifに続く文で仮定法を使った場合，コンマのあとの文も仮定法にします。そのときは〈**助動詞の過去形＋動詞の原形（もとの形）**〉を使って，「**…だろうに**」という意味を表します。助動詞は多くの場合，**would**が使われます。

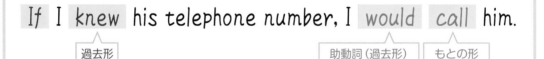

If I knew his telephone number, I would call him.

過去形
助動詞（過去形）　もとの形

（もし私が彼の電話番号を知っていたら，彼に電話をするだろうに。）

後半の文でも，助動詞を過去形にするんだね！

**1** 次の日本語に合うように，＿＿＿＿に□から適当な語を入れて，英語を完成させましょう。

(1) もし私が携帯電話を持っていたら，彼女（かのじょ）に電話をするだろうに。

If I ＿＿＿＿＿ a cell phone, I ＿＿＿＿＿ call her.

(2) もし彼女がこのイベントを知っていたら，ここに来るだろうに。

If she ＿＿＿＿＿ about this event, she ＿＿＿＿＿

＿＿＿＿＿ here.

| would　had　come　knew　would |
|---|

**2** 次の日本語に合うように，＿＿＿＿に適当な語を書きましょう。

(1) もしケンに兄がいたら，彼らはいっしょにサッカーをするだろうに。

If Ken ＿＿＿＿＿ a brother, they would play soccer together.

(2) もし私たちがカメラを持っていたら，そのネコの写真を撮（と）るだろうに。

If we had a camera, we ＿＿＿＿＿ ＿＿＿＿＿ a picture of the cat.

**3** 次のように英語でいうとき，考えられることとして正しいほうを○で囲みましょう。

(1) If she had a car, we would go to the beach.
もし彼女が車を持っていたら，私たちはビーチに行くだろうに。

→実際は車を（ 持っている / 持っていない ）。

(2) If I finished my homework, I would help Mayu.
宿題がおわっていたら，私はマユを手伝うだろうに。

→実際は宿題が（ おわった / おわっていない ）。

**4** 次の英語を日本語にしましょう。

(1) If I had a lot of money, I would buy a house.

[　　　　　　　　　　　　　　　　　　　　　　　　　　　　]

(2) If I had a sister, I would go shopping with her.

[　　　　　　　　　　　　　　　　　　　　　　　　　　　　]

# 「もし〜なら，…だろうに」

仮定法では，現在のことでも過去形で表すことに注意しよう！

ここが
**カギ！**

〈If 〜，＋主語＋would ...〉の形で，「もし〜なら，…だろうに」という意味を表します。ifに続く文では**過去形**を使い，コンマ以降の文では助動詞willの過去形**would**のあとに**動詞の原形（もとの形）**を続けます。

---

If I had a lot of money, I would buy that bag.

| if | 過去形 | | コンマ | would | もとの形 |

（もし私がたくさんのお金を持っていたら，あのかばんを買うだろうに。）

Ifに続く文の動詞は，現在のことでも過去形！

後3の文では，〈would＋動詞のもとの形〉じゃ！

---

コンマ以降の文でwouldの代わりにcouldを使うと，「もし〜なら，…できるだろうに」という意味を表すことができます。

例 If I had a lot of money, I could buy that bag.（もし私がたくさんのお金を持っていたら，あのかばんを買えるだろうに。）

ここが
**カギ！**

ifに続く文がbe動詞の文のときも，be動詞を**過去形**にします。ただし，仮定法では**主語が何であってもwere**を使います。

---

If I were you, I would go to the sea.

| if | 過去形 | コンマ | would | もとの形 |

（もし私があなただったら，海に行くだろうに。）

主語に関係なく，be動詞はwereを使うのか！

---

# 解いてみよう！

解答 p.18

**1** 次の日本語に合うように、_____ に □ から適当な語を入れて、英語を完成させましょう。

(1) もし今日晴れていたら、私はテニスをしに行くだろうに。

If it _____ sunny today, I _____ go to play tennis.

(2) もし私があなただったら、体育館に行くだろうに。

If I were you, I _____ _____ to the gym.

| are would were goes would go |

**2** 次の日本語に合うように、_____ に適当な語を書きましょう。

(1) もし彼女（かのじょ）に時間があったら、私は彼女と会えるだろうに。

If she _____ time, I _____ _____ her.

(2) もし私があなたの先生なら、あなたに電話するだろうに。

If I _____ your teacher, I _____ _____ you.

**3** 次の日本語に合うように、[　　]内の語句や符号（ふごう）を並べかえて、正しい英語にしましょう。ただし、文頭にくる語も小文字で書いてあります。

(1) もし私がネコなら、一日中寝（ね）るだろうに。　　　　　　　　一日中＝all day

[ I / a cat / if / sleep / I / were / would / , ] all day.

_____ all day.

(2) もしジャックがお金をたくさん持っていたら、あの車を買えるだろうに。

[ Jack / money / If / could / he / a lot of / had / buy / , ] that car.

_____ that car.

**4** 次の英語を日本語にしましょう。

If I were you, I would practice the piano.

[ 　　　　　　　　　　　　　　　　　　　　　　　　　　　　　　 ]

# 44

I wish ＋仮定法

# 「～ならいいのですが」

I wishに続く文は過去形にしよう！

ここが**カギ！**

I wishのあとに仮定法を続けて，「～ならいいのですが」という意味を表すことができます。これは**現実とは違うことを願う**表現です。

I **wish** I **had** a lot of money.

過去形

（お金をたくさん持っていたらいいのですが。）

wish のあとの文では，
動詞は過去形じゃ！

ここが**カギ！**

wishに続くのがbe動詞の文の場合，wereを使います。仮定法では，**主語が**Iやhe, she, itなどであっても，wereを使います。

I **wish** he **were** here. （彼がここにいたらいいのですが。）

過去形

I **wish** I **were** a bird. （私が鳥だったらいいのですが。）

過去形

wish に続く文では，
be 動詞は were！

**解いてみよう！** 解答 p.18

**1** 次の日本語に合うように，_____ に ☐ から適当な語を入れて，英語を完成させましょう。

(1) ジャケットを持っていたらよいのですが。

I wish I _____ a jacket.

(2) 外が暖かかったらいいのですが。

I wish it _____ warm outside.

| have | had | is | were |

**2** 次の日本語に合うように，_____ に適当な語を書きましょう。

(1) 私が車を持っていたらいいのですが。

I _____ I _____ a car.

(2) 彼が私の先生だったらいいのですが。

I _____ he _____ my teacher.

**3** 次の日本語に合うように，[　　]内の語句を並べかえて，正しい英語にしましょう。ただし，文頭にくる語も小文字で書いてあります。

(1) ユリが日本にいたらいいのですが。
[ Japan / wish / I / were / Yuri / in ].

_____.

(2) 私に姉がいたらいいのですが。
[ had / wish / I / a sister / I ].

_____.

**4** (　　)内の語句を用いて，次の日本語を英語にしましょう。

(1) 私がサッカー選手だったらいいのですが。( a soccer player )

_____

(2) 彼がカレーの作り方を知っていたらいいのですが。( how to cook )

_____

**1** 次の（　）内から適当な語句を選んで，□に書きましょう。(4点×4)

(1) If I ( had / have ) a car, I could go to Nagoya.

▶ステージ 43

(2) If it ( were / are ) snowy, children would be excited.

▶ステージ 43

(3) If I were you, I ( buy / would buy ) that house.

▶ステージ 43

(4) I wish we ( have / had ) a map.

▶ステージ 44

**2** 次の日本語に合うように，＿＿に入る適当な語を□に書きましょう。(5点×5)

(1) もし私が鳥だったら，空を飛べるだろうに。
＿＿＿ I ＿＿＿ a bird, I could fly in the sky.

▶ステージ 43

(2) もし彼に時間があったら，彼は私に電話するだろうに。
If he ＿＿＿ time, he ＿＿＿ call me.

▶ステージ 43

(3) もしマサシが東京に住んでいたら，私たちはいっしょに夕食を食べるだろうに。
If Masashi ＿＿＿ in Tokyo, we ＿＿＿ have dinner together.

▶ステージ 43

(4) 私が有名な俳優だったらいいのですが。
＿＿＿ ＿＿＿ I were a famous actor.

▶ステージ 44

(5) ナツミが私の姉だったらいいのですが。
I ＿＿＿ Natsumi ＿＿＿ my sister.

▶ステージ 44

**3** 次の日本語に合うように，[　　]内の語や符号(ふごう)を並べかえて，正しい英語にしましょう。ただし，文頭にくる語も小文字で書いてあります。(6点×4)

(1) もし私がお金を持っていたら，高い時計を買えるだろうに。

[ I / could / money / if / had / I / buy / , ] an expensive watch.

_____ an expensive watch. ＞ステージ 43

(2) もし夏だったら，私は夏祭りに行くだろうに。

[ summer / were / it / go / , / I / would / if ] to a summer festival.

_____ to a summer festival. ＞ステージ 43

(3) あなたが私の先生だったらいいのですが。

[ wish / my / I / teacher / you / were ].

_____ . ＞ステージ 44

(4) 彼女(かのじょ)がここに来たらいいのですが。

[ came / wish / I / here / she ].

_____ . ＞ステージ 44

**4** 次の英語を日本語にしましょう。(7点×5)

(1) If I were rich, I would travel to Europe.　　　　Europe＝ヨーロッパ

[
] ＞ステージ 43

(2) If it were sunny today, we could go fishing.

[
] ＞ステージ 43

(3) If Ken had time, he would watch TV.

[
] ＞ステージ 43

(4) I wish I had a lot of time.

[
] ＞ステージ 44

(5) I wish he were kind.

[
] ＞ステージ 44

**ステージ**

**42** 仮定法…現実とは違うことを話すときに用いる

**43** If I had a lot of money, I would buy that bag.

過去形 〈would ＋動詞の原形（もとの形）〉

（もし私がたくさんのお金を持っていたら，あのかばんを買うだろうに。）

If I were you, I would go to the sea.

仮定法では
be 動詞は were

（もし私があなただったら，海に行くだろうに。）

**44** I wish I were a bird. （私が鳥だったらいいのですが。）

〈I wish ＋仮定法〉

さあ，修行はこのへんにしておこう。
君たちはもう大丈夫じゃ！

師匠ありがとう！
英語が大好きに
なれたよ！

この修行で学んだこと
を忘れずにこれからも
がんばるよ！

## これで中3英語はカンペキ！

②

□ 編集協力　㈱メディアビーコン　阿久津菜花　伊藤祐美
□ 本文デザイン　studio1043　CONNECT
□ DTP　朝日メディアインターナショナル株式会社
□ イラスト　オフィスシバチャン　ワタナベカズコ
□ 音声収録　一般財団法人英語教育協議会

シグマベスト
# ぐーんっとやさしく
# 中3英語

本書の内容を無断で複写（コピー）・複製・転載することを禁じます。また，私的使用であっても，第三者に依頼して電子的に複製すること（スキャンやデジタル化等）は，著作権法上，認められていません。

編　者　文英堂編集部
発行者　益井英郎
印刷所　株式会社加藤文明社
発行所　株式会社文英堂
　　　　〒601-8121　京都市南区上鳥羽大物町28
　　　　〒162-0832　東京都新宿区岩戸町17
　　　　（代表）03-3269-4231

●落丁・乱丁はおとりかえします。

中3英語

# ぐーんっと
# やさしく

## 解答と解説

文英堂

# be動詞の現在の文

**1** 次の日本語に合うように，＿＿＿に□から適当な語を入れて，英語を完成させましょう。

(1) 私はマユです。

I **am** Mayu.

(2) 彼は私の友達です。

He **is** my friend.

are
is
was
am

**2** 次の日本語に合うように，＿＿＿に適当な語を書きましょう。

(1) あなたたちは生徒です。

You **are** students.

(2) 彼女は私の先生です。

**She** **is** my teacher.

**3** 次の日本語に合うように，[ ]内の語を並べかえて，正しい英語にしましょう。ただし，文頭にくる語も小文字で書いてあります。

(1) あなたは福岡出身です。 [ are / from / you ] Fukuoka.

**You are from** Fukuoka.

(2) 彼らは私の友達です。 [ friends / they / my / are ].

**They are my friends** .

**4** ( )内の語句を用いて，次の日本語を英語にしましょう。

(1) それは教科書です。 ( a textbook )

**It is[It's] a textbook.**

(2) 私たちは野球ファンです。 ( baseball fans )

**We are[We're] baseball fans.**

---

# 一般動詞の現在の文

**1** 次の日本語に合うように，＿＿＿に□から適当な語を入れて，英語を完成させましょう。

(1) 私たちは学校に行きます。

We **go** to school.

(2) 彼女は音楽が好きです。

She **likes** music.

go goes like likes

**2** 次の英語を，あとの（ ）内の指示にしたがって書きかえましょう。

(1) I watch TV every day.（下線部をHeにかえて）

He **watches** TV every day.

(2) You study English at school.（下線部をMaryにかえて）

Mary **studies** English at school.

**3** 次の日本語に合うように，[ ]内の語を並べかえて，正しい英語にしましょう。ただし，文頭にくる語も小文字で書いてあります。

(1) 彼らは土曜日にサッカーを練習します。
[ practice / they / soccer ] on Saturdays.

**They practice soccer** on Saturdays.

(2) 彼女はネコを3匹飼っています。 [ cats / has / three / she ].

**She has three cats** .

**4** （ ）内の語句を用いて，次の日本語を英語にしましょう。

(1) トムは公園で走ります。 （ Tom, in the park ）

**Tom runs in the park.**

(2) あなたたちは教室を掃除します。 （ your classroom ）

**You clean your classroom.**

---

# 過去の文

**1** 次の日本語に合うように，＿＿＿に□から適当な語を入れて，英語を完成させましょう。

(1) 私は3年前にカナダに行きました。

I **went** to Canada three years ago.

(2) 私はそのとき10歳でした。 そのとき＝at that time

I **was** ten years old at that time.

go went am was

**2** 次の日本語に合うように，＿＿＿に適当な語を書きましょう。

(1) あなたは先週，このコンピューターを使いました。

You **used** this computer last week.

(2) アキコは3日前，私の家に来ました。

Akiko **came** to my house three days ago.

**3** 次の日本語に合うように，[ ]内の語句を並べかえて，正しい英語にしましょう。ただし，文頭にくる語も小文字で書いてあります。

(1) 私たちは台所にいました。 [ the kitchen / were / in / we ].

**We were in the kitchen** .

(2) 彼女は先月ブラジルに行きました。
[ to / she / went / last month / Brazil ].

**She went to Brazil last month** .

**4** （ ）内の語句を用いて，次の日本語を英語にしましょう。

(1) 彼らは電車で本を読みました。 （ books, on the train ）

**They read books on the train.**

(2) 彼は昨夜，英語を勉強しました。 （ last night ）

**He studied English last night.**

---

# 否定文

**1** 次の日本語に合うように，＿＿＿に□から適当な語を入れて，英語を完成させましょう。

(1) マークはバスケットボールの選手ではありません。

Mark **isn't** a basketball player.

(2) 彼は昨日，バスケットボールをしませんでした。

He **didn't** play basketball yesterday.

wasn't isn't doesn't didn't

**2** 次の日本語に合うように，＿＿＿に適当な語を書きましょう。

(1) 彼らは生徒ではありません。

They **are** **not** students.

(2) 私たちは花屋に行きませんでした。 花屋＝flower shop

We **did** **not** **go** to the flower shop.

**3** 次の日本語に合うように，[ ]内の語句を並べかえて，正しい英語にしましょう。ただし，文頭にくる語も小文字で書いてあります。

(1) 私は昨夜，星を見ませんでした。
[ not / the stars / I / did / see ] last night.

**I did not see the stars** last night.

(2) あなたたちは東京にいませんでした。 [ Tokyo / were / you / in / not ].

**You were not in Tokyo** .

**4** （ ）内の語句を用いて，次の日本語を英語にしましょう。

(1) 私は先週，沖縄にいませんでした。 （ Okinawa, last week ）

**I was not[wasn't] in Okinawa last week.**

(2) ジョンはコンピューターを持っていません。 （ John, a computer ）

**John does not[doesn't] have a computer.**

2

中1・2の復習⑤
# 疑問文

**❶** _____ に▢から適当な語を入れて，英語を完成させましょう。

(1) Do you go to the supermarket every day?
　— Yes, <u>　I　</u> <u>　do　</u>.

(2) Was he in the supermarket?
　— No, <u>　he　</u> <u>　wasn't　</u>.

▢ I　he　wasn't　do

**❷** 次の日本語に合うように，_____ に適当な語を書きましょう。

(1) 彼はあなたの友達ですか。―はい，そうです。
<u>　Is　</u> he your friend? — Yes, <u>　he　</u> <u>　is　</u>.

(2) あなたは先週，ミサキに会いましたか。―いいえ，会っていません。
<u>　Did　</u> you <u>　meet　</u> Misaki last week?
　　　　　　　[see]
— No, <u>　I　</u> <u>　didn't　</u>.

**❸** 次の日本語に合うように，〔 　〕内の語句や符号を並べかえて，正しい英語にしましょう。ただし，文頭にくる語も小文字で書いてあります。

(1) 彼らは昨日，学校に行きましたか。
〔 go / they / school / did / to 〕yesterday?
<u>Did they go to school</u> yesterday?

(2) あなたたちは毎日，本を読みますか。―いいえ，読みません。
〔 read / you / do / a book 〕every day? —〔 don't / , / we / no 〕.
<u>Do you read a book</u> every day?
— <u>No, we don't</u>

**❹** ( )内の語句を用いて，次の日本語を英語にしましょう。
彼女はこのかばんを使いますか。―いいえ，使いません。( this bag )
<u>Does she use this bag? — No, she does not[doesn't].</u>

---

## 確認テスト　　1章

**❶** (1) am　(2) writes　(3) were　(4) Do

解説 (1)主語がIのときは，be動詞はamを使う。
(2)主語が3人称単数のときは，動詞をs[es]がついた形にする。
(3) areの過去形はwere。
(4)主語がyouなので，Doを置く。

**❷** (1) You are　(2) ate[had]　(3) does not
(4) Are　(5) aren't

解説 (1)「あなたは～です」はYou are ～.で表す。
(2) eat「～を食べる」の過去形はate。haveの過去形のhadでも可。
(3)主語が3人称単数のMy brotherなので，does notを使う。
(4)(5)主語が複数のtheyなので，be動詞はareを使う。

**❸** (1) It's my favorite doll (.)
(2) You drink coffee every day (.)
(3) Mr. Brown was not in his room (.)
(4) Did he go to the zoo yesterday (?)

解説 (1) it'sはit isの短縮形。
(2)「～します」は〈主語＋一般動詞（＋目的語）〉の語順。
(3) be動詞の文は，be動詞の後ろにnotを置いて否定文にする。
(4)過去の一般動詞の疑問文は〈Did＋主語＋一般動詞の原形～?〉で表す。

**❹** (1)メアリーは親切な女の子です。
(2)彼女は花が好きです。
(3)私は学校で歴史を勉強しました。
(4)あなた（たち）は水を（少しも）持っていません。
(5)彼はインターネットを使いますか。

解説 (4) not any＝「少しも～ない」。
(5) Does he ～? ＝「彼は～しますか」。

# 「～されます」

**1** 次の日本語に合うように，＿＿＿に□から適当な語を入れて，英語を完成させましょう。

(1) この自転車はショウタによって使われます。
This bicycle __is__ __used__ by Shota.

(2) この建物は昨年建てられました。
This building __was__ __built__ last year.

is　was　used　built

**2** 次の日本語に合うように，＿＿＿に適当な語を書きましょう。

(1) 私たちの写真は私の父によって撮られます。
Our pictures __are__ __taken__ by my father.

(2) その言語はこの国で話されます。　言語＝language
The language __is__ __spoken__ in this country.

**3** 次の日本語に合うように，[ ]内の語を並べかえて，正しい英語にしましょう。ただし，文頭にくる語も小文字で書いてあります。

(1) この庭は私の祖母によって掃除されます。
This garden [ my / by / cleaned / is / grandmother ].
This garden __is cleaned by my grandmother__ .

(2) この本は有名な作家によって書かれました。　作家＝writer
[ book / written / was / this / by ] a famous writer.
__This book was written by__ a famous writer.

**4** ( )内の語句を用いて，次の日本語を英語にしましょう。

(1) このペンケースはユカによって使われます。( this pen case )
__This pen case is used by Yuka.__

(2) その映画はたくさんの人に見られました。( the movie, a lot of people )
__The movie was seen[watched] by a lot of people.__

---

# 「～されません」

**1** 次の日本語に合うように，＿＿＿に□から適当な語を入れて，英語を完成させましょう。

(1) この本は日本語で書かれていません。
This book __is__ __not__ written in Japanese.

(2) それらの雑誌はここで売られていません。　雑誌＝magazine
Those magazines __aren't__ sold here.

is　are　not　aren't　isn't

**2** 次の日本語に合うように，＿＿＿に適当な語を書きましょう。

(1) 中国語は私の国では勉強されません。
Chinese __is__ __not__ studied in my country.

(2) このケーキは，私の母によって作られませんでした。
This cake __was__ __not__ made by my mother.

**3** 次の日本語に合うように，[ ]内の語句を並べかえて，正しい英語にしましょう。ただし，文頭にくる語も小文字で書いてあります。

(1) その歌はあの歌手によって歌われません。
[ that singer / sung / is / not / the song / by ].
__The song is not sung by that singer__ .

(2) この机は先生によって使われませんでした。
This [ used / the teacher / was / not / desk / by ].
This __desk was not used by the teacher__ .

**4** ( )内の語句を用いて，次の日本語を英語にしましょう。

(1) その日記は彼によって見られませんでした。( the diary )
__The diary was not[wasn't] seen by him.__

(2) このリンゴはミクによって食べられませんでした。( this apple )
__This apple was not[wasn't] eaten by Miku.__

---

# 「～されますか」

**1** 次の日本語に合うように，＿＿＿に□から適当な語を入れて，英語を完成させましょう。

(1) この部屋はあなたのお母さんによって掃除されますか。
__Is__ this room __cleaned__ by your mother?

(2) いいえ，掃除されません。
No, it __isn't__ .

Is　Was　isn't　cleaned　clean

**2** 次の日本語に合うように，＿＿＿に適当な語を書きましょう。

(1) これらの車はあなたのお父さんによって洗われますか。　～を洗う＝wash
__Are__ these cars __washed__ by your father?

(2) この写真はその生徒によって撮られましたか。
__Was__ this picture __taken__ by the student?

**3** 次の日本語に合うように，[ ]内の語を並べかえて，正しい英語にしましょう。ただし，文頭にくる語も小文字で書いてあります。

(1) この国では英語は話されていますか。
[ this / spoken / English / country / in / is ]?
__Is English spoken in this country__ ?

(2) あのいすはいつ動かされましたか。　～を動かす＝move
[ moved / that / when / chair / was ]?
__When was that chair moved__ ?

**4** 次の英語を日本語にしましょう。

(1) Was this book read by her?
[ __この本は彼女によって読まれましたか。__ ]

(2) ((1)に答えて) Yes, it was.
[ __はい，読まれました。__ ]

**1** (1)is　(2)are　(3)are　(4)Was

解説 (1)〈be動詞＋過去分詞〉で「～されます」を表す。主語が3人称単数なので，be動詞はisを使う。
(2)主語が複数なので，be動詞はareを使う。
(3)〈be動詞＋not＋過去分詞〉で「～され（てい）ません」を表す。
(4)受け身の疑問文は，be動詞を主語の前に置く。

**2** (1)were used　(2)isn't spoken
(3)When was　(4)Is, by　(5)it is

解説 (1)過去の文なので，be動詞は過去形にする。
(2)不規則動詞。speak－spoke－spokenと変化する。
(3)疑問詞when「いつ」は，疑問文のはじめに置く。
(4)「～によって」はby ～で表す。

**3** (1)Pandas are loved by Japanese people (.)

(2)The game wasn't played by them (.)
(3)Are these vegetables cooked (?)
(4)Where was that picture taken (?)

解説 (1)「…によって～され（てい）ます」は〈be動詞＋過去分詞＋by＋動作をする人〉で表す。
(3)「～され（てい）ますか」は〈be動詞＋主語＋過去分詞？〉の語順。
(4)疑問詞where「どこ」は，疑問文のはじめに置く。

**4** (1)その手紙はクミによって書かれました。
(2)このビーチはたくさんの人によって訪れられます。
(3)この色は女性によって好まれません。
(4)これらのマンガはアメリカでは売られませんでした。
(5)この腕時計はいつ作られましたか。

解説 (1)be動詞が過去形なので，過去の文。by ～で「～によって」を表す。
(4)soldはsell「～を売る」の過去分詞。
(5)madeはmake「～を作る」の過去分詞。

---

**ステージ 9** 現在完了の基礎知識
# 現在完了とは

**1** 次の日本語に合うように，＿＿に□から適当な語を入れて，英語を完成させましょう。
(1) 彼は昨年からその歌を聞いています。
He **has** listened to the song since last year.
(2) 私はマンガを読みおえたところです。
I have **finished** reading comic books.

［ have　has　finish　finished ］

**2** 次の日本語に合うように，＿＿に適当な語を書きましょう。
(1) 私たちは3年間日本語を勉強しています。
We **have studied** Japanese for three years.
(2) 彼女はピアノを演奏したところです。
She **has played** the piano.

**3** 次の日本語に合うように，［ ］内の語を並べかえて，正しい英語にしましょう。ただし，文頭にくる語も小文字で書いてあります。
(1) 私は宿題をしおえたところです。
［ finished / I / doing / have ］ my homework.
**I have finished doing** my homework.
(2) 私の兄はその映画を見たことがあります。
［ my / the / seen / brother / has / movie ］.
**My brother has seen the movie**

**4** （ ）内の語句を用いて，次の日本語を英語にしましょう。
(1) 私はこの話を聞いたことがあります。（ this story ）　～を聞く＝hear
**I have heard this story.**
(2) カナコは2年間英語を勉強しています。（ Kanako, for two years ）
**Kanako has studied English for two years.**

---

**ステージ 10** 完了を表す現在完了
# 「ちょうど～したところです」「もう～してしまいました」

**1** 次の日本語に合うように，＿＿に□から適当な語を入れて，英語を完成させましょう。
(1) 私はちょうど昼食を食べたところです。
I **have** just **had** lunch.
(2) 彼女はもう昼食を作りました。
She **has** already **cooked** lunch.

［ have　has　cooked　had ］

**2** 次の日本語に合うように，＿＿に適当な語を書きましょう。
(1) 彼はもう学校に着いています。
He has **already arrived** at school.
(2) 私はちょうど公園でテニスをしたところです。
I have **just played** tennis in the park.

**3** 次の日本語に合うように，［ ］内の語を並べかえて，正しい英語にしましょう。ただし，文頭にくる語も小文字で書いてあります。
(1) 彼らはちょうど家を出たところです。
［ just / house / left / they / have / their ］.
**They have just left their house**
(2) 彼女はもう宿題をおえてしまいました。
［ finished / she / homework / her / already / has ］.
**She has already finished her homework**

**4** 次の英語を日本語にしましょう。
(1) He has already seen the answer.
［ **彼はもうその答えを見てしまいました。** ］
(2) I have just met my friend on the street.　on the street＝道で
［ **私はちょうど道で友達と会ったところです。** ］

# 「まだ～していません」

**1** 次の日本語に合うように，_____ に □から適当な語を入れて，英語を完成させましょう。

(1) 私はまだ駅に到着していません。
I **have** **not** arrived at the station yet.

(2) ケンはまだ友達に会っていません。
Ken **hasn't** **met** his friend yet.

| have | hasn't | not | haven't | met |

**2** 次の日本語に合うように，_____ に適当な語を書きましょう。

(1) 私はまだそのテレビ番組を見ていません。　　テレビ番組＝TV show
I **have** **not** **watched** the TV show yet.

(2) 彼女はまだその手紙を受けとっていません。
She **has** **not** received the letter **yet**.

**3** 次の日本語に合うように，[ ]内の語句を並べかえて，正しい英語にしましょう。ただし，文頭にくる語も小文字で書いてあります。

(1) 彼らはまだその山に登っていません。　　　　～に登る＝climb
[ the mountain / yet / they / not / climbed / have ].
They have not climbed the mountain yet.

(2) 彼はまだ家に帰ってきていません。
[ not / home / he / come / yet / has ].
He has not come home yet.

**4** 次の英語を日本語にしましょう。

(1) Students have not used the new bicycle yet.
[ 生徒たちはまだその新しい自転車を使っていません。 ]

(2) You have not opened the present yet.
[ あなた（たち）はまだそのプレゼントを開けていません。 ]

# 「もう～しましたか」

**1** 次の日本語に合うように，_____ に □から適当な語を入れて，英語を完成させましょう。

(1) あなたはもう宿題をおわらせましたか。
**Have** you **finished** your homework yet?

(2) いいえ，おわらせていません。
No, I **haven't**.

| Have | Has | haven't | hasn't | finish | finished |

**2** 次の日本語に合うように，_____ に適当な語を書きましょう。

(1) 彼らはもう学校に到着しましたか。
**Have** they **arrived** at school **yet**?

(2) アカリはもう自分の家を出発しましたか。
**Has** Akari **left** her house yet?

**3** 次の日本語に合うように，[ ]内の語句を並べかえて，正しい英語にしましょう。ただし，文頭にくる語も小文字で書いてあります。

(1) あなたはもうあの本を返しましたか。　　　　～を返す＝return
[ returned / yet / that book / have / you ]?
Have you returned that book yet?

(2) 彼はもう水を飲みましたか。
[ water / he / yet / drunk / has ]?
Has he drunk water yet?

**4** 次の英語を日本語にしましょう。

(1) Have you met the new teacher yet?
[ あなた（たち）はもう新しい先生に会いましたか。 ]

(2) Has she had lunch yet?
[ 彼女はもう昼食を食べましたか。 ]

# 「～したことがあります」

**1** 次の日本語に合うように，_____ に □から適当な語を入れて，英語を完成させましょう。

(1) 私は以前，サヤカに会ったことがあります。
I **have** **met** Sayaka before.

(2) 彼女はそのお店に2回行ったことがあります。
She **has** **been** to the shop twice.

| have | has | met | been |

**2** 次の日本語に合うように，_____ に適当な語を書きましょう。

(1) 彼らは以前，あの曲を聞いたことがあります。
They **have** **listened** to that song before.

(2) カズキは一度，その絵を見たことがあります。
Kazuki **has** **seen** the picture once.

**3** 次の日本語に合うように，[ ]内の語句を並べかえて，正しい英語にしましょう。ただし，文頭にくる語も小文字で書いてあります。

(1) 私たちは以前，あの山に登ったことがあります。
[ before / climbed / we / that mountain / have ].
We have climbed that mountain before.

(2) 彼はそのコンピューターを2回使ったことがあります。
[ used / he / the computer / twice / has ].
He has used the computer twice.

**4** 次の英語を日本語にしましょう。

(1) She has been to the pet shop before.
[ 彼女は以前，そのペットショップに行ったことがあります。 ]

(2) I have watched that movie three times.
[ 私はあの映画を3回見たことがあります。 ]

# 「～したことがありません」

**1** 次の日本語に合うように，_____ に □から適当な語を入れて，英語を完成させましょう。

(1) 私たちは一度も日本に行ったことがありません。
We **have** never **been** to Japan.

(2) 彼は一度もお好み焼きを食べたことがありません。
He **has** never **eaten** okonomiyaki.

| have | has | eaten | been |

**2** 次の日本語に合うように，_____ に適当な語を書きましょう。

(1) 彼女は一度も私の家を訪ねたことがありません。
She **has** **never** visited my house.

(2) 私たちは一度もあの教室を使ったことがありません。
We **have** **never** **used** that classroom.

**3** 次の日本語に合うように，[ ]内の語句を並べかえて，正しい英語にしましょう。ただし，文頭にくる語も小文字で書いてあります。

(1) 彼らは一度もアユミに会ったことがありません。
[ have / Ayumi / met / they / never ].
They have never met Ayumi.

(2) 私は一度もオーストラリアに行ったことがありません。
[ been / I / Australia / never / to / have ].
I have never been to Australia.

**4** 次の英語を日本語にしましょう。

(1) Tom has never played the guitar.
[ トムは一度もギターを演奏したことがありません。 ]

(2) I've never talked with her.
[ 私は一度も彼女と話したことがありません。 ]

## ステージ 15 経験を表す現在完了の疑問文 「～したことがありますか」

① 次の日本語に合うように，＿＿＿に□から適当な語を入れて，英語を完成させましょう。

(1) あなたは今までにこの動物を見たことがありますか。
**Have** you ever **seen** this animal?

(2) いいえ，ありません。
No, I **haven't**.

| Have | Has | haven't | hasn't | see | seen |

② 次の日本語に合うように，＿＿＿に適当な語を書きましょう。

(1) あなたたちは今までにこの機械を使ったことがありますか。　機械＝machine
**Have** you **ever** **used** this machine?

(2) 彼女は今までにステージの上で踊ったことがありますか。
**Has** she **ever** **danced** on the stage?

③ 次の日本語に合うように，[ ]内の語句を並べかえて，正しい英語にしましょう。ただし，文頭にくる語も小文字で書いてあります。

(1) あなたは今までにこの車を運転したことがありますか。
[ this car / have / ever / driven / you ]?
**Have you ever driven this car** ?

(2) 彼女は何回，あのお店を訪れたことがありますか。
[ times / she / many / visited / has / how ] that store?
**How many times has she visited** that store?

④ 次の英語を日本語にしましょう。

(1) Have you ever been to America?
[ あなたは今までにアメリカに行ったことがありますか。 ]

(2) 《(1)に答えて》Yes, I have.
[ はい，あります。 ]

## ステージ 16 継続を表す現在完了 「（ずっと）～しています」

① 次の日本語に合うように，＿＿＿に□から適当な語を入れて，英語を完成させましょう。

(1) 私は2年間ピアノを習っています。
I **have** **learned** the piano for two years.

(2) 彼女は昨日からずっと幸せです。
She has been happy **since** yesterday.

| learned | has | have | since | for |

② 次の日本語に合うように，＿＿＿に適当な語を書きましょう。

(1) 彼らは5年間日本語を勉強しています。
They **have** **studied** Japanese **for** five years.

(2) 私の姉は2010年からアメリカにいます。
My sister **has** **been** in America **since** 2010.

③ 次の日本語に合うように，[ ]内の語句を並べかえて，正しい英語にしましょう。ただし，文頭にくる語も小文字で書いてあります。

(1) 私は昨年から中国語を教えています。
[ taught / I / have / Chinese / since ] last year.
**I have taught Chinese since** last year.

(2) ミカは長い間ここに住んでいます。
Mika [ here / for / lived / a long time / has ].
Mika **has lived here for a long time** .

④ 次の英語を日本語にしましょう。

(1) We have practiced baseball for three years.
[ 私たちは3年間（ずっと）野球を練習しています。 ]

(2) She has been hungry since this morning.
[ 彼女は今朝から（ずっと）お腹が空いています。 ]

## ステージ 17 継続を表す現在完了の否定文 「（ずっと）～していません」

① 次の日本語に合うように，＿＿＿に□から適当な語を入れて，英語を完成させましょう。

(1) 彼女は先月から，自分の机を使っていません。
She **hasn't** used her desk since last month.

(2) 私は1週間，部屋を掃除していません。
I **have** **not** cleaned my room for a week.

| have | has | hasn't | haven't | not |

② 次の日本語に合うように，＿＿＿に適当な語を書きましょう。

(1) 私は3か月間，彼に会っていません。
I **haven't** **met** him for three months.
[seen]

(2) カオリは昨日から，何も料理をしていません。
Kaori **has** **not** **cooked** anything since yesterday.

③ 次の日本語に合うように，[ ]内の語句を並べかえて，正しい英語にしましょう。ただし，文頭にくる語も小文字で書いてあります。

(1) 私は2年間，テニスをしていません。
[ not / tennis / have / for / I / played ] two years.
**I have not played tennis for** two years.

(2) 彼は昨夜から，何も食べていません。
[ he / anything / last night / hasn't / since / eaten ].
**He hasn't eaten anything since last night** .

④ 次の英語を日本語にしましょう。

(1) My brother has not been at home for two weeks.
[ 私の兄［弟］は2週間（ずっと），家にいません。 ]

(2) Ken hasn't watched the movie for a long time.
[ ケンは長い間（ずっと），その映画を見ていません。 ]

## ステージ 18 継続を表す現在完了の疑問文 「（ずっと）～しているのですか」

① 次の日本語に合うように，＿＿＿に□から適当な語を入れて，英語を完成させましょう。

(1) あなたは3時間，ずっとここにいるのですか。
**Have** **you** **been** here for three hours?

(2) いいえ，いません。30分間だけです。
No, I **haven't**. Only for thirty minutes.

| you | hasn't | haven't | Have | Has | been |

② 次の日本語に合うように，＿＿＿に適当な語を書きましょう。

(1) 彼女は昨年から，ここに住んでいるのですか。
**Has** **she** **lived** here since last year?

(2) その先生は長い間，英語を教えているのですか。
**Has** the teacher **taught** English for a long time?

③ 次の日本語に合うように，[ ]内の語句を並べかえて，正しい英語にしましょう。ただし，文頭にくる語も小文字で書いてあります。

(1) あなたはどのくらいの間，ここで勉強をしているのですか。
[ you / here / studied / how long / have ]?
**How long have you studied here** ?

(2) 彼は昨年から，ギターを習っているのですか。
[ has / the guitar / he / learned / since ] last year?
**Has he learned the guitar since** last year?

④ 次の英語を日本語にしましょう。

Have you been busy since Monday?
[ あなた（たち）は月曜日から（ずっと），忙しいのですか。 ]

# 「ずっと〜しています」

**1** 次の日本語に合うように，＿＿＿ に □ から適当な語を入れて，英語を完成させましょう。

(1) 私は1時間ずっと，テレビを見ています。
I __have__ __been__ __watching__ TV for an hour.

(2) 私の父は30分間ずっと，新聞を読んでいます。
My father __has__ __been__ __reading__ a newspaper for thirty minutes.

| has | have | been | been | watching | reading |

**2** 次の日本語に合うように，＿＿＿ に適当な語を書きましょう。

(1) 私は3時間ずっと，このコンピューターを使っています。
I __have__ __been__ __using__ this computer for three hours.

(2) 彼は30分間ずっと，眠っています。  30分＝half an hour
He __has__ __been__ __sleeping__ for half an hour.

**3** 次の日本語に合うように，[ ] 内の語を並べかえて，正しい英語にしましょう。ただし，文頭にくる語も小文字で書いてあります。

(1) 彼女は40分間ずっと，料理をしています。
[ for / forty / cooking / she / been / minutes / has ].
__She has been cooking for forty minutes__ .

(2) 私は2時間ずっと，歩いています。
[ walking / for / been / I've / hours / two ].
__I've been walking for two hours__ .

**4** ( ) 内の語句を用いて，次の日本語を英語にしましょう。
私は10分間ずっと，手紙を書いています。( a letter )
__I have[I've] been writing a letter for ten minutes.__

---

## 確認テスト 3章

**1** (1) has (2) have not arrived (3) for (4) been

解説 (1) 主語が She なので，has を使う。
(2) 〈have not[haven't] ＋過去分詞 〜 yet〉＝「まだ〜していません」。
(3) 〈継続〉の現在完了。期間の長さは for を使って表す。
(4) 現在完了の疑問文は 〈Have[Has]＋主語＋過去分詞 〜?〉 で表す。

**2** (1) made[cooked]，yet (2) hasn't
(3) never been (4) How long (5) been sitting

解説 (1)「もう」＝yet。
(3)「一度も〜に行ったことがありません」は have[has] never been to 〜 で表す。
(4)「どのくらいの間」＝How long。
(5) 動作の継続を表すときは，現在完了進行形 〈have[has] been ＋動詞の ing 形〉を使う。

**3** (1) Ken has been to Australia once (.)

(2) Have you ever seen a rainbow (?)
(3) I haven't worn this T-shirt since (last summer.)
(4) She has been studying science for three hours (.)

解説 (1)「〜に行ったことがあります」は，have[has] been to 〜 で表す。
(2)「今までに〜したことがありますか」は〈Have[Has]＋主語＋ever＋過去分詞 〜?〉で表す。
(3) worn は wear「〜を着る」の過去分詞。「〜から，〜以来」＝since。
(4)「ずっと〜しています」は現在完了進行形で表す。

**4** (1) 私たちはもう彼の家に到着してしまいました。
(2) トムは以前，ワサビを食べたことがあります。
(3) 私の姉(妹)は一度もこの歌を聞いたことがありません。
(4) あなた(たち)は今までに日記を書いたことはありますか。
(5) 彼は長い間彼の家族に会っていません。

解説 (1) 〈完了〉の現在完了。already＝「もう」。
(2)〜(4) 〈経験〉の現在完了。before＝「以前」。
(5) 〈継続〉の現在完了。for a long time＝「長い間」。

## 20 名詞的用法・形容詞的用法

❶ 次の日本語に合うように，＿＿ に□から適当な語を入れて，英語を完成させましょう。

(1) 私は英語を勉強することが好きです。
I like __to__ __study__ English.

(2) 私はするべき宿題がたくさんあります。
I have a lot of homework __to__ __do__ .

do does to study studying to

❷ 次の日本語に合うように，＿＿ に適当な語を書きましょう。

(1) 私は今，朝食を作りたいです。
I want __to__ __make__ breakfast now.
[cook]

(2) あなたは何かいうべきことがありますか。
Do you have anything __to__ __say__ ?

❸ 次の日本語に合うように，[ ]内の語句を並べかえて，正しい英語にしましょう。ただし，文頭にくる語も小文字で書いてあります。

(1) 私は音楽を聞くことが好きです。[ listen to / like / I / music / to ].
__I like to listen to music__ .

(2) 私は何か食べるものがほしいです。[ want / to / I / something / eat ].
__I want something to eat__ .

❹ 次の英語を日本語にしましょう。

(1) I want to use this textbook tomorrow.
[ 私は明日，この教科書を使いたいです。 ]

(2) We don't have time to think about it.
[ 私たちはそれについて考えるための時間がありません。 ]

---

## 21 副詞的用法

❶ 次の日本語に合うように，＿＿ に□から適当な語を入れて，英語を完成させましょう。

(1) 私は野球をするために公園に行きました。
I went to the park __to__ __play__ baseball.

(2) 彼女はその試合を見て幸せです。
She is happy __to__ __watch__ the game.

played watch to watches play to

❷ 次の日本語に合うように，＿＿ に適当な語を書きましょう。

(1) 私は宿題をするために家に帰りました。
I went back home __to__ __do__ my homework.

(2) 彼はその箱を開けてとても驚きました。
He was very surprised __to__ __open__ the box.

❸ 次の日本語に合うように，[ ]内の語を並べかえて，正しい英語にしましょう。ただし，文頭にくる語も小文字で書いてあります。

(1) 私はその知らせを聞いて悲しいです。[ sad / news / I / hear / to / the / am ].
知らせ＝news
__I am sad to hear the news__ .

(2) アヤカは英語を勉強するためにオーストラリアに行くつもりです。
Ayaka [ go / Australia / will / to / study / to / English ].
Ayaka __will go to Australia to study English__ .

❹ 次の英語を日本語にしましょう。

(1) My mother went to the supermarket to buy milk.
[ 私の母は牛乳を買うためにスーパーマーケットに行きました。 ]

(2) He was glad to read the letter.
glad＝うれしい
[ 彼はその手紙を読んでうれしかったです。 ]

---

## 22 「～することは…です」

❶ 次の日本語に合うように，＿＿ に□から適当な語を入れて，英語を完成させましょう。

(1) 私にとって踊ることは難しいです。
__It__ __is__ hard for me to dance.

(2) 毎日練習することは大切です。
It is important __to__ __practice__ every day.

is was practice I practiced to It

❷ 次の日本語に合うように，＿＿ に適当な語を書きましょう。

(1) この機械を使うことは危険です。
__It__ __is__ dangerous __to__ __use__ this machine.

(2) 私にとって理科を勉強することは難しいです。
__It's__ difficult __for__ __me__ to study science.

❸ 次の日本語に合うように，[ ]内の語を並べかえて，正しい英語にしましょう。ただし，文頭にくる語も小文字で書いてあります。

(1) 違う国を訪れることはおもしろいです。
[ is / to / interesting / it / visit ] different countries.
__It is interesting to visit__ different countries.

(2) ナンシーにとって日本語を読むことは簡単でした。
[ it / for / Japanese / Nancy / read / easy / to / was ].
__It was easy for Nancy to read Japanese__ .

❹ ( )内の語を用いて，次の日本語を英語にしましょう。

(1) 友達を持つことは重要です。( important, friends )
__It is[It's] important to have friends.__

(2) 私たちにとって野球をすることは楽しいです。( fun )
__It is[It's] fun for us to play baseball.__

---

## 23 「（人）に～してほしいです」

❶ 次の日本語に合うように，＿＿ に□から適当な語を入れて，英語を完成させましょう。

(1) 私はナオに，昼食を作ってほしいです。
I __want__ Nao __to__ cook lunch.

(2) 彼女は私に，手伝ってほしかったです。
She __wanted__ __me__ __to__ help her.

want wanted to me to

❷ 次の日本語に合うように，＿＿ に適当な語を書きましょう。

(1) 私たちは彼に，歌を歌ってほしいです。
We __want__ __him__ __to__ __sing__ a song.

(2) あなたは私に，夕食を作ってほしいですか。
Do you __want__ __me__ __to__ cook dinner?

❸ 次の日本語に合うように，[ ]内の語句を並べかえて，正しい英語にしましょう。ただし，文頭にくる語も小文字で書いてあります。

(1) 私はあなたに，水を持ってきてほしいです。
[ want / you / bring / I / to ] some water.
__I want you to bring__ some water.

(2) ユキコは彼に，その映画を見てほしいです。
[ him / wants / the movie / watch / to / Yukiko ].
__Yukiko wants him to watch the movie__ .

❹ ( )内の語句を用いて，次の日本語を英語にしましょう。

(1) 私はジョンに，英語を教えてほしいです。( English )
__I want John to teach English.__

(2) 彼女は彼にサッカー選手になってほしかったです。( a soccer player )
__She wanted him to become a soccer player.__

## tell[ask] 人 to ~の形の文
# 「(人)に~するようにいいます[頼みます]」

**❶** 次の日本語に合うように、＿＿＿ に□から適当な語を入れて，英語を完成させましょう。

(1) 私は彼女に朝食を作るように頼みました。
I **asked** her **to** make breakfast.

(2) 彼女は私にその箱を開けるようにいいました。
She **told** me **to** open the box.

> to  asked  told  tells  ask  to

**❷** 次の日本語に合うように、＿＿＿ に適当な語を書きましょう。

(1) 私の父は私に夜テレビを見ないようにいいました。
My father **told** me **not** **to** watch TV at night.

(2) ハナは彼に数学を教えてくれるように頼みました。
Hana **asked** **him** **to** **teach** math.

**❸** 次の日本語に合うように、[ ]内の語句を並べかえて，正しい英語にしましょう。ただし、文頭にくる語も小文字で書いてあります。

(1) その先生は私たちに遅刻しないようにいいました。
[ late / us / not / the teacher / be / to / told ].
**The teacher told us not to be late** .

(2) アカリは彼女のお父さんに雑誌を買ってくれるように頼みました。
Akari [ her / father / buy / to / asked / a magazine ].
Akari **asked her father to buy a magazine** .

**❹** ( )内の語句を用いて，次の日本語を英語にしましょう。

(1) 私の兄は私にこれらの教科書を読むようにいいました。( these textbooks )
**My brother told me to read these textbooks.**

(2) 彼女は私にその手紙を読むように頼みました。( the letter )
**She asked me to read the letter.**

---

## 疑問詞＋to ~の形の文
# 「~のしかた」「何を[どこで]~すればよいか」

**❶** 次の日本語に合うように、＿＿＿ に□から適当な語を入れて，英語を完成させましょう。

(1) どこを訪れればよいか，私に教えてください。
Please tell me **where** **to** visit.

(2) 彼女は私に，美術館への行き方を教えました。
She told me **how** **to** get to the museum.

> to  what  how  where  to  when

**❷** 次の日本語に合うように、＿＿＿ に適当な語を書きましょう。

(1) あなたはそれの開け方を知っていますか。
Do you know **how** **to** **open** it?

(2) 私は何を買えばよいかがわかりません。
I don't know **what** **to** **buy** .

**❸** 次の日本語に合うように、[ ]内の語句を並べかえて，正しい英語にしましょう。ただし、文頭にくる語も小文字で書いてあります。

(1) あなたはこの機械の使い方を知っていますか。
[ this machine / you / how / use / to / do / know ]?
**Do you know how to use this machine** ?

(2) 彼女は次に何をすればよいかがわかりませんでした。
[ didn't / to / what / she / know / do ] next.
**She didn't know what to do** next.

**❹** 次の英語を日本語にしましょう。

(1) My mother told me how to cook curry.
[ **私の母は私に，カレーの作り方を教えました。** ]

(2) Please tell me what to write here.
[ **ここに何を書けばよいか，私に教えてください。** ]

---

## 原形不定詞
# 「(人)が~するのを手伝います」「(人)に~させます」

**❶** 次の日本語に合うように、＿＿＿ に□から適当な語を入れて，英語を完成させましょう。

(1) 彼女は私がフランス語の勉強をするのを手伝います。
She **helps** me **study** French.

(2) 彼女は私にいくつか単語を書かせました。
She **made** me **write** some words.

> helps  write  made  study

**❷** 次の日本語に合うように、＿＿＿ に適当な語を書きましょう。

(1) 彼女は彼に窓を開けさせました。
She **made** **him** **open** the window.

(2) それについて私に考えさせてください。
Please **let** **me** **think** about it.

**❸** 次の日本語に合うように、[ ]内の語句を並べかえて，正しい英語にしましょう。ただし、文頭にくる語も小文字で書いてあります。

(1) 私の父は私にそのニュースを読ませました。
[ my father / read / made / me / the news ].
**My father made me read the news** .

(2) ポールは彼女がこれらの机を動かすのを手伝うでしょう。
[ Paul / these desks / her / move / will / help ].
**Paul will help her move these desks** .

**❹** 次の英語を日本語にしましょう。

(1) My mother made me wash my hands.
[ **私の母は私に，手を洗わせました。** ]

(2) Let me use your bike.
[ **私にあなた(たち)の自転車を使わせてください。** ]

## 確認テスト ④章

**1** (1)something (2)It is (3)want me to
(4)wash

解説 (1)anything「何か」は否定文・疑問文で使う。
(2)〈It is … to＋動詞の原形〉＝「～することは…です」。
(3)〈want＋人＋to＋動詞の原形〉－「(人)に~・してほしいです」。
(4)〈make＋人＋動詞の原形〉＝「(人)に～させます」。

**2** (1)to see[meet] (2)to talk (3)to visit
(4)not to (5)helped, make[cook]

解説 (1)「～して…です」は〈感情を表す語＋to＋動詞の原形〉で表す。
(4)「～しないようにいいます」は〈tell＋人＋not to＋動詞の原形〉で表す。
(5)「(人)が～するのを手伝います」は〈help＋人＋動詞の原形〉で表す。

**3** (1)We need time to finish our homework (.)
(2)It is dangerous to swim here (.)

(3)She asked Alex to come (to the station.)
(4)Please tell me when to send (a message.)

解説 (1)「～するための…」というときは，名詞のあとに〈to＋動詞の原形〉を置く。
(3)「(人)に～するように頼みます」は〈ask＋人＋to＋動詞の原形〉の語順。
(4)「いつ～すればよいか」は〈when to＋動詞の原形〉で表す。

**4** (1)彼女はその雑誌を買うために本屋に行きました。
(2)ハナは彼ら[彼女たち]に，一生懸命に勉強してほしかったです。
(3)私の母は私に家に帰るようにいいました。
(4)私はこの箱の開け方がわかりません。
(5)私にこの部屋を使わせてください。

解説 (1)〈to＋動詞の原形〉で「～するために」と目的を表す。
(2)hard＝「一生懸命に」。
(3)〈tell＋人＋to＋動詞の原形〉＝「(人)に～するようにいいます」。
(4)〈how to＋動詞の原形〉＝「～のしかた」。
(5)Please let me ～＝「私に～させてください」。

---

### ステージ 27 いろいろな文① 間接疑問

**1** 次の日本語に合うように，＿＿＿に□□から適当な語を入れて，英語を完成させましょう。

(1) あなたはどこでこれを買ったのか，私に教えてください。
Please tell me **where** you **bought** this.
(2) あなたはそれが何なのか知っていますか。
Do you know **what** it **is** ?

| what | where | when | which | bought | is |

**2** 次の日本語に合うように，＿＿＿に適当な語を書きましょう。

(1) ボブは彼女が何を好きなのか知りません。
Bob doesn't know **what** **she** **likes** .
(2) 彼らがどこに行ったのか，私に教えてください。
Please tell me **where** **they** **went** .

**3** 次の日本語に合うように，[ ]内の語を並べかえて，正しい英語にしましょう。ただし，文頭にくる語も小文字で書いてあります。

(1) 私は彼女にあれが何なのかをたずねるつもりです。
[ I / ask / that / what / is / will / her ].
**I will ask her what that is** .
(2) あなたは彼がいつパーティーに来たか知っていますか。
[ he / you / do / know / when / came ] to the party?
**Do you know when he came** to the party?

**4** 次の英語を日本語にしましょう。

(1) We don't know where Misaki went.
[ 私たちはミサキがどこへ行ったのか知りません。 ]
(2) Please tell me what she needs.
[ 彼女は何が必要なのか，私に教えてください。 ]

---

### ステージ 28 いろいろな文② 感嘆文

**1** 次の日本語に合うように，＿＿＿に□□から適当な語を入れて，英語を完成させましょう。

(1) この写真はなんて美しいのでしょう。
**How** **beautiful** this picture is!
(2) あなたはなんてよいカメラを持っているのでしょう。
**What** a **nice** camera you have!

| How | What | nice | beautiful |

**2** 次の日本語に合うように，＿＿＿に適当な語を書きましょう。

(1) あなたのネコはなんてかわいいのでしょう。
**How** **cute** your cat is!
[pretty]
(2) あれはなんて大きい家なのでしょう。
**What** a **big** house that is!
[large]

**3** 次の日本語に合うように，[ ]内の語を並べかえて，正しい英語にしましょう。ただし，文頭にくる語も小文字で書いてあります。

(1) あなたの妹はなんて速く食べるのでしょう。
[ eats / how / your / fast / sister ]!
**How fast your sister eats** !
(2) これはなんておもしろい本なのでしょう。
[ what / interesting / this / book / is / an ]!
**What an interesting book this is** !

**4** 次の英語を日本語にしましょう。

(1) How hot this place is! place＝場所
[ この場所はなんて暑いのでしょう。 ]
(2) What a difficult question!
[ なんて難しい質問なのでしょう。 ]

11

いろいろな文③
# 付加疑問

**1** 次の日本語に合うように，＿＿＿ に ☐ から適当な語を入れて，英語を完成させましょう。

(1) それはすごい歌ですよね。
It is a great song, __isn't__ __it__ ?

(2) あなたは歌うことが好きですよね。
You like singing, __don't__ __you__ ?

is　isn't　do　don't　you　it

**2** 次の日本語に合うように，＿＿＿ に適当な語を書きましょう。

(1) 彼らは学生ですよね。
They are students, __aren't__ __they__ ?

(2) あなたのお父さんはコーヒーを飲みますよね。
Your father drinks coffee, __doesn't__ __he__ ?

**3** 次の日本語に合うように，[　　]内の語句や符号を並べかえて，正しい英語にしましょう。ただし，文頭にくる語も小文字で書いてあります。

(1) あなたは京都に行ったのですよね。
[ Kyoto / didn't / to / you / , / went / you ]?
__You went to Kyoto, didn't you__ ?

(2) ブラウンさんはスペイン語を話すことができませんよね。
[ speak / can't / Ms. Brown / can / Spanish / she / , ]?
__Ms. Brown can't speak Spanish, can she__ ?

**4** 次の英語を日本語にしましょう。

(1) Tsuyoshi is a tall boy, isn't he?
[ __ツヨシは背の高い男の子ですよね。__ ]

(2) You won't go shopping tomorrow, will you?　go shopping＝買い物に行く
[ __あなた（たち）は明日，買い物に行かないのですよね。__ ]

---

## 確認テスト　5章

**1** (1)this is　(2)How　(3)isn't she　(4)will he

解説　(1)間接疑問文では，疑問詞のあとに〈主語＋動詞〉の順で続ける。
(2)〈How＋形容詞＋主語＋動詞 !〉＝「～はなんて…なのでしょう」。
(3)文末に〈否定形の短縮形＋主語 ?〉を置いて，「～ですよね」を表す。
(4)コンマの前の文が否定文なので，肯定の形にする。

**2** (1)she eats [has]　(2)where, met [saw]
(3)How tall　(4)What a　(5)didn't he

解説　(1)ここでは間接疑問の主語はsheなので，動詞は3人称単数現在形にする。
(2)間接疑問の内容は過去の話なので，動詞は過去形にする。
(4)「～はなんて…なのでしょう」は〈What (a/an)＋形容詞＋名詞＋主語＋動詞 !〉で表す。

(5)過去の一般動詞の文なので，didn'tを使う。

**3** (1)Do you know when Meg arrived at the station (?)
(2)We don't know what he sings (.)
(3)What an interesting story this is (!)
(4)They can win the game, can't they (?)

解説　(1)間接疑問は〈疑問詞＋ふつうの文の形〉の語順で表す。
(4)助動詞canの文なので，文の最後に〈コンマ (,)＋can't＋主語 ?〉を置く。

**4** (1)彼女は私が今日何を買ったのか知りません。
(2)ケンタはなんて速く話すのでしょう。
(3)これはなんて素晴らしい場所なのでしょう。
(4)彼は彼の家族を愛していますよね。
(5)彼ら [彼女たち] は中学生ですよね。

解説　(1)boughtはbuy「～を買う」の過去形。
(2)〈How＋副詞＋主語＋動詞 !〉＝「～はなんて…なのでしょう」。

## 30 「(人)に(もの)を〜します」

**1** 次の日本語に合うように，_____ に☐から適当な語を入れて，英語を完成させましょう。

(1) 私は彼に何かをあげるつもりです。
I will give **him** **something**.

(2) 彼女は私に帽子を見せました。
She **showed** **me** a hat.

☐ showed / me / him / something

**2** 次の日本語に合うように，_____ に適当な語を書きましょう。

(1) 私たちは彼女に花をあげました。
We **gave** **her** a flower.

(2) 私にあなたの家を見せてください。
Please **show** **me** **your** **house**.

**3** 次の日本語に合うように，[ ]内の語句を並べかえて，正しい英語にしましょう。ただし，文頭にくる語も小文字で書いてあります。

(1) ハナは彼らに何枚かのCDをあげるでしょう。
Hana [ some CDs / will / them / give ].
Hana **will give them some CDs** .

(2) 私に空港への道を教えてください。　　　　空港＝airport
[ the / tell / to / please / the airport / way / me ].
**Please tell me the way to the airport** .

**4** ( )内の語句を用いて，次の日本語を英語にしましょう。

(1) 私はあなたに，何冊かのノートをあげるつもりです。( some notebooks )
**I will[I'll] give you some notebooks.**

(2) ジョージは私たちに新しいカメラを見せました。( George )
**George showed us a new camera.**

---

## 31 「(人)に(こと)を〜します」

**1** 次の日本語に合うように，_____ に☐から適当な語を入れて，英語を完成させましょう。

(1) 彼はいつも彼女に，自分はこのTシャツが好きだといいます。
He always **tells** her **that** he likes this T-shirt.

(2) 彼女は彼に，彼がどこでそれを買ったのかを聞くでしょう。
She will **ask** him **where** he bought it.

☐ told / ask / tells / asks / where / that

**2** 次の日本語に合うように，_____ に適当な語を書きましょう。

(1) 彼女はときどき私に，夕食を作ることができるといいます。
She sometimes **tells** me **that** she can cook dinner.

(2) 私は彼に，彼の誕生日がいつなのかを聞くつもりです。
I will **ask** **him** **when** his birthday is.

**3** 次の日本語に合うように，[ ]内の語を並べかえて，正しい英語にしましょう。ただし，文頭にくる語も小文字で書いてあります。

(1) 私の母は毎日私に，私のことを愛しているといいます。
My mother [ me / that / tells / loves / she ] me every day.
My mother **tells me that she loves** me every day.

(2) 私たちはリホに，彼女が何を好きなのかを聞くつもりです。
[ Riho / we / she / likes / will / ask / what ].
**We will ask Riho what she likes** .

**4** 次の英語を日本語にしましょう。
Please tell me what you cooked this morning.
[ 私に，今朝あなた(たち)が何を料理したのかを教えてください。]

---

## 32 「(人・もの)を〜と呼びます」

**1** 次の日本語に合うように，_____ に☐から適当な語を入れて，英語を完成させましょう。

(1) 私は彼女をハルと呼びます。
I **call** **her** Haru.

(2) 彼女の笑顔は私を幸せにします。　　　笑顔＝smile
Her smile **makes** **me** happy.

☐ makes / call / her / me

**2** 次の日本語に合うように，_____ に適当な語を書きましょう。

(1) 彼は私をユカと呼びます。
He **calls** **me** Yuka.

(2) この写真は私たちを悲しくさせました。
This picture **made** **us** **sad** .

**3** 次の日本語に合うように，[ ]内の語句を並べかえて，正しい英語にしましょう。ただし，文頭にくる語も小文字で書いてあります。

(1) 私たちはあのネコをタマと名づけました。
[ named / we / cat / that / Tama ].
**We named that cat Tama** .

(2) そのニュースは彼女を怒らせました。
[ the news / her / made / angry ].
**The news made her angry** .

**4** ( )内の語を用いて，次の日本語を英語にしましょう。

(1) 私は彼をケンと呼びました。( Ken )
**I called him Ken.**

(2) その歌は私を眠くさせます。( sleepy )
**The song makes me sleepy.**

# 確認テスト 6章

**1** (1)me a present　(2)her that
(3)calls　(4)us happy

[解説] (1)〈give＋人＋もの〉＝「(人)に～をあげます」。
(2)〈that＋主語＋動詞 ～〉＝「～ということ」。
(3)〈call＋人・もの＋呼び方〉＝「(人・もの)を～と呼びます」。
(4)〈make＋人・もの＋形容詞〉＝「(人・もの)を～にします」。

**2** (1)showed me　(2)the way
(3)ask, where　(4)her that　(5)named

[解説] (1)「(人)に～を見せます」は〈show＋人＋もの〉で表す。
(2)the way to ～＝「～への道」。
(3)「(人)に～を聞きます」は〈ask＋人＋疑問詞＋主語＋動詞 ～〉の語順で表す。
(5)「(人・もの)を～と名づけます」は〈name＋人・もの＋名前〉で表す。

**3** (1)We'll give her a new toy (.)
(2)Please tell us what you said (.)
(3)I will tell Ryota that I like basketball (.)
(4)This music makes me sleepy (.)

[解説] (2)「私たちに～を教えてください」は Please tell us ～で表す。
(3)「(人)に～だといいます」は〈tell＋人＋that＋主語＋動詞 ～〉の語順で表す。

**4** (1)マナは友達に新しい帽子を見せるでしょう。
(2)私に図書館への道を教えてください。
(3)私たちは彼に，彼がいつこれを買ったのかを聞くつもりです。
(4)彼は彼女をマユと呼びました。
(5)晴れた日は私たちを幸せにします。

[解説] (2)Please tell me ～＝「私に～を教えてください」。
(5)sunny day＝「晴れた日」。

---

## ステージ 33　前置詞や不定詞の後置修飾
### 「～の…」「～するための…」

**1** 次の日本語に合うように，＿＿＿に□から適当な語を入れて，英語を完成させましょう。

(1) これは日本の歴史についての本です。
This is a book **about** Japanese history.
(2) 私たちにはたくさんの学ぶべきことがあります。
We have a lot of things **to learn** .

| learning　on　learn　about　to |

**2** 次の日本語に合うように，＿＿＿に適当な語を書きましょう。
(1) 木の下の女の子は私の妹です。
The **girl under** the tree is my sister.
(2) それは星についての映画です。
It is a **movie about** stars.

**3** 次の日本語に合うように，[ ]内の語句を並べかえて，正しい英語にしましょう。ただし，文頭にくる語も小文字で書いてあります。
(1) 箱の中のプレゼントを見てください。
[ at / the box / the present / in / look ].
**Look at the present in the box** .
(2) 私には食べるためのフルーツがいくつかあります。
[ some / to / have / I / eat / fruit ].
**I have some fruit to eat** .

**4** 次の英語を日本語にしましょう。
(1) Look at the cat by the door.
[ ドアのそばのネコを見てください。 ]
(2) I don't have money to buy a car.
[ 私には車を買うためのお金がありません。 ]

---

## ステージ 34　現在分詞の後置修飾
### 「～している…」

**1** 次の日本語に合うように，＿＿＿に□から適当な語を入れて，英語を完成させましょう。

(1) ベンチに座っている女の子がマイです。
The girl **sitting** on the bench is Mai.
(2) ベンチの近くには眠っている犬がいます。
There is a **sleeping** dog near the bench.

| sit　sitting　sleep　sleeping |

**2** 次の日本語に合うように，＿＿＿に適当な語を書きましょう。
(1) その先生と話している男の子がケンです。
The **boy talking** with the teacher is Ken.
(2) 泣いている女の子を見てください。
Look at the **crying girl** .

**3** 次の日本語に合うように，[ ]内の語句を並べかえて，正しい英語にしましょう。ただし，文頭にくる語も小文字で書いてあります。
(1) 英語を勉強している子どもたちが何人かいます。
There are some [ English / children / studying ].
There are some **children studying English** .
(2) ラジオを聞いている男の子が私の息子です。　　息子＝son
[ to / listening / the boy / the radio ] is my son.
**The boy listening to the radio** is my son.

**4** 次の英語を日本語にしましょう。
(1) The girl playing the piano is my friend.
[ ピアノを演奏している女の子は私の友達です。 ]
(2) There are many people reading books here.
[ ここには本を読んでいるたくさんの人々がいます。 ]

## 35 過去分詞の後置修飾 「〜された…」

**1** 次の日本語に合うように，＿＿＿ に □ から適当な語を入れて，英語を完成させましょう。

(1) 私は，私の母によって作られた朝食が好きです。

I like **breakfast made** by my mother.

(2) テーブルの上にゆで卵（ゆでられた卵）があります。

There is a **boiled egg** on the table.

| egg breakfast made boiled |

ゆでられた＝boiled

**2** 次の日本語に合うように，＿＿＿ に適当な語を書きましょう。

(1) あれは私の父によって洗われた車です。

That is the **car washed** by my father.

(2) これは2000年に建てられた学校です。

This is a **school built** in 2000.

**3** 次の日本語に合うように，［ ］内の語句を並べかえて，正しい英語にしましょう。ただし，文頭にくる語も小文字で書いてあります。

(1) 私は彼女によって書かれた手紙を読みました。

[ by / read / written / I / her / a letter ].

**I read a letter written by her** .

(2) あの割られた窓を見てください。

割られた＝broken

[ that / window / broken / look / at ].

**Look at that broken window** .

**4** 次の英語を日本語にしましょう。

(1) I have a bag made in Italy.

[ 私はイタリアで作られたかばんを持っています。 ]

(2) The language spoken here is English.

[ ここで話されている言語は英語です。 ]

## 36 〈主語＋動詞 〜〉の後置修飾 「（人など）が〜する…」

**1** 次の日本語に合うように，＿＿＿ に □ から適当な語を入れて，英語を完成させましょう。

(1) 何かあなたが必要なものはありますか。

Is there **anything you need** ?

(2) これは私がほしかったコンピューターです。

This is the computer **I wanted** .

| need anything you I wanted |

**2** 次の日本語に合うように，＿＿＿ に適当な語を書きましょう。

(1) あなたは私がほしい本を持っていますか。

Do you have the book **I want** ?

(2) あなたが買った時計は高いです。

The watch **you bought** is expensive.

**3** 次の日本語に合うように，［ ］内の語句を並べかえて，正しい英語にしましょう。ただし，文頭にくる語も小文字で書いてあります。

(1) これは彼が毎朝見る鳥です。

[ sees / is / the bird / he / this ] every morning.

**This is the bird he sees** every morning.

(2) 私は彼女が京都で撮った写真が好きです。

[ like / she / the pictures / I / took ] in Kyoto.

**I like the pictures she took** in Kyoto.

**4** 次の英語を日本語にしましょう。

(1) These are the pens I use every day.

[ これらは私が毎日使うペンです。 ]

(2) The baseball game we watched was exciting.

[ 私たちが見た野球の試合はわくわくしました。 ]

---

## 確認テスト 7章

**1** (1)on (2)watching (3)written (4)broken

**解説** (2)名詞の後ろに動詞のing形を置いて，「〜している…」を表す。

(3)名詞の後ろに過去分詞を置いて，「〜された…」を表す。

**2** (1)song about (2)to practice (3)boy dancing (4)chair made (5)she gave

**解説** (1)「〜についての」＝about。

(2)名詞のあとに〈to＋動詞の原形〉を続けて，「〜するための…」を表す。

(5)名詞のあとに〈主語＋動詞 〜〉を続けて，「（人など）が〜する…」を表す。

**3** (1)Children need time to play with friends (.)

(2)There're some people studying Japanese (.)

(3)That is a house built in 1970 (.)

(4)Is there anything she likes (?)

**解説** (1)「〜と遊ぶ」＝play with 〜。

(2)「〜がいます」はthere is[are] 〜で表す。

(4)「何か〜が…するもの」は〈anything＋主語＋動詞〉の語順で表す。

**4** (1)水を飲んでいる女の子はだれですか。

(2)新聞を読んでいる男性は私の父です。

(3)これは料理された魚です。

(4)私は彼が教える授業が好きです。

(5)私が昨夜読んだ本はわくわくしました。

**解説** (3)cookedはcook「〜を料理する」の過去分詞。

(5)last night「昨夜」とあるので，このreadはread「〜を読む」の過去形。

# 37 関係代名詞とは

❶ 次の日本語に合うように，＿＿＿ に □ から適当な語を入れて，英語を完成させましょう。

(1) 私にはこの本を好きな友達がいます。
I have a **friend** **who** likes this book.
(2) 私はその話を書いた女性を知っています。
I know the **woman** **who** wrote the story.

who　woman　friend　who　which

❷ 次の日本語に合うように，［　］内の語を並べかえて，正しい英語にしましょう。

(1) これは彼がとてもほしかったかばんです。
This is a bag [ he / which / wanted ] very much.
This is a bag **which he wanted** very much.

(2) 私には中国語を話す友達がいます。
I have a friend [ Chinese / speaks / who ].
I have a friend **who speaks Chinese** .

(3) これは私たちが今日歌った歌です。
This is a song [ sang / today / which / we ].
This is a song **which we sang today** .

❸ 次の英語を日本語にしましょう。

(1) a girl who came here yesterday
[ 昨日ここに来た女の子 ]

(2) the animal which he likes
[ 彼が好きな動物 ]

(3) a man who lives here
[ ここに住んでいる男性 ]

---

# 38 修飾する名詞が人のとき

❶ 次の日本語に合うように，＿＿＿ に □ から適当な語を入れて，英語を完成させましょう。

(1) 私には野球をする弟がいます。
I have a **brother** **who** plays baseball.
(2) 彼はスポーツが好きな男の子です。
He is a **boy** **who** likes sports.

who　which　boy　brother　who

❷ 次の日本語に合うように，＿＿＿ に適当な語を書きましょう。

(1) 私にはヴァイオリンを演奏することができる友達がいます。
I have a **friend** **who** can play the violin.

(2) 私たちに中国語を教える男性はグリーンさんです。
The man **who** **teaches** us Chinese is Mr. Green.

❸ 次の日本語に合うように，［　］内の語句を並べかえて，正しい英語にしましょう。ただし，文頭にくる語も小文字で書いてあります。

(1) 私たちにはスペイン語を話すことができる先生がいます。
We have [ Spanish / speak / a teacher / who / can ].
We have **a teacher who can speak Spanish** .

(2) 私には名古屋に住んでいる妹がいます。
[ a sister / who / I / lives / have ] in Nagoya.
**I have a sister who lives** in Nagoya.

❹ 次の英語を日本語にしましょう。

(1) I know the woman who made this cake.
[ 私はこのケーキを作った女性を知っています。]

(2) They are students who live in Tokyo.
[ 彼ら [彼女たち] は東京に住んでいる学生です。]

---

# 39 修飾する名詞がもののとき

❶ 次の日本語に合うように，＿＿＿ に □ から適当な語を入れて，英語を完成させましょう。

(1) これは大阪で有名な食べ物です。
This is **food** **which** is famous in Osaka.
(2) 私たちは特別メニューがあるレストランに行きました。
We went to the **restaurant** **which** has a special menu.

restaurant　which　food　which

❷ 次の日本語に合うように，＿＿＿ に適当な語を書きましょう。

(1) 彼女は3年前に建てられた図書館に行きました。
She went to the **library** **which** was built three years ago.

(2) あれは観光客の間で人気のホテルです。　　観光客＝ tourist　～の間で＝ among
That is the hotel **which** is popular among tourists.

❸ 次の日本語に合うように，［　］内の語句を並べかえて，正しい英語にしましょう。ただし，文頭にくる語も小文字で書いてあります。

(1) あれは朝7時に開店するスーパーマーケットです。
[ the supermarket / opens / is / which / that ] at 7 a.m.
**That is the supermarket which opens** at 7 a.m.

(2) ポケットが3つあるコートは便利です。　　便利な＝ useful
[ pockets / a coat / three / has / which ] is useful.
**A coat which has three pockets** is useful.

❹ 次の英語を日本語にしましょう。

We sang the song which is famous in Japan.
[ 私たちは日本で有名な歌を歌いました。]

---

# 40 修飾する名詞が人またはもののとき

❶ 次の日本語に合うように，＿＿＿ に □ から適当な語を入れて，英語を完成させましょう。

(1) 私は，本を読んでいるその女の子を知っています。
I know the **girl** **that** is reading a book.
(2) 昨日ここにあった本は彼女のものです。
The **book** **that** was here yesterday is hers.

that　girl　book　that

❷ 次の日本語に合うように，＿＿＿ に適当な語を書きましょう。

(1) 彼にはこの近くに住んでいる友達がいます。
He has a **friend** **that** lives near here.
[who]

(2) これはアメリカで人気のある映画ですか。
Is this the **movie** **that** is popular in America?
[which]

❸ 次の日本語に合うように，［　］内の語句を並べかえて，正しい英語にしましょう。ただし，文頭にくる語も小文字で書いてあります。

(1) 彼女がその有名な歌を歌う歌手です。
[ that / she / sings / the singer / is ] the famous song.
**She is the singer that sings** the famous song.

(2) これは渋谷へ行く電車です。
[ goes / this / to / that / is / the train ] Shibuya.
**This is the train that goes to** Shibuya.

❹ 次の英語を日本語にしましょう。

We know the woman and the dog that are walking in the park.
[ 私たちは，公園で歩いている女性と犬を知っています。]

**ステージ 41** 関係代名詞の目的格 which, that

# 目的語の働きをする関係代名詞

**①** 次の日本語に合うように，_____ に□から適当な語を入れて，英語を完成させましょう。

(1) これは私の父が撮った写真です。
This is the picture which my father took.

(2) これは私の弟が買ったギターです。
This is the guitar which my brother bought.

which  picture  which  guitar

**②** 次の日本語に合うように，_____ に適当な語を書きましょう。

(1) これは私が毎日使うかばんです。
This is the bag which I use every day.
[that]

(2) 彼女が見た映画はとても人気です。
The movie which she watched is very popular.
[that]     [saw]

**③** 次の日本語に合うように，[ ]内の語句を並べかえて，正しい英語にしましょう。ただし，文頭にくる語も小文字で書いてあります。

(1) これは私が昨日読んだ雑誌です。
[ the magazine / read / is / I / that / this ] yesterday.
This is the magazine that I read yesterday.

(2) 私が買ったいすは小さいです。
[ which / is / I / small / bought / the chair ].
The chair which I bought is small.

**④** 次の英語を日本語にしましょう。
This is the festival many people know.
[ これはたくさんの人が知っているお祭りです。 ]

---

## 確認テスト  8章

**1** (1)who  (2)which  (3)that  (4)which

解説 (1)人を表すa friendを説明するので，関係代名詞はwhoを使う。
(2)(4)ものを表す名詞を説明するので，関係代名詞はwhichを使う。
(3)人とものの両方を含む名詞を説明するので，関係代名詞はthatを使う。

**2** (1)friend who [that]  (2)train which [that]
(3)that  (4)letter which [that]
(5)which [that]，was

解説 (1)「人」を説明するので，関係代名詞はwhoまたはthatを使う。
(2)(4)(5)「もの」を説明するので，関係代名詞はwhichまたはthatを使う。
(3)説明する名詞が「人」と「もの」の両方なので，関係代名詞はthatを使う。
(5)過去の文なので，動詞は過去形にする。

**3** (1)We know a girl who plays (badminton.)
(2)Japan is a country which has four seasons (.)
(3)Is this the woman that speaks three languages (?)
(4)This is the idea he gave me (.)

解説 (1)～(3)「～する…」は，〈名詞＋関係代名詞＋動詞 ～〉の語順で表す。
(4)heの前に関係代名詞が省略されている。

**4** (1)このコンピューターを使う男性はキムラさんです。
(2)これは私を助けたことばです。
(3)私は10年前に建てられた美術館に行きました。
(4)私たちは彼の書く本が好きです。
(5)彼が聞くラジオ番組はとても長いです。

解説 (1)(2)〈名詞＋関係代名詞＋動詞 ～〉＝「～する…」。
(3)関係代名詞のあとに，〈be動詞＋過去分詞〉の受け身が使われている。～ ago＝「～前に」。
(5)listen to ～＝「～を聞く」。

## 仮定法とは

**①** 次の日本語に合うように、＿＿＿に□から適当な語を入れて、英語を完成させましょう。

(1) もし私が携帯電話を持っていたら、彼女に電話をするだろうに。
If I **had** a cell phone, I **would** call her.

(2) もし彼女がこのイベントを知っていたら、ここに来るだろうに。
If she **knew** about this event, she **would come** here.

would　had　come　knew　would

**②** 次の日本語に合うように、＿＿＿に適当な語を書きましょう。

(1) もしケンに兄がいたら、彼らはいっしょにサッカーをするだろうに。
If Ken **had** a brother, they would play soccer together.

(2) もし私たちがカメラを持っていたら、そのネコの写真を撮るだろうに。
If we had a camera, we **would take** a picture of the cat.

**③** 次のように英語でいうとき、考えられることとして正しいほうを○で囲みましょう。

(1) If she had a car, we would go to the beach.
もし彼女が車を持っていたら、私たちはビーチに行くだろうに。
→実際は車を（ 持っている／(持っていない) ）。

(2) If I finished my homework, I would help Mayu.
宿題がおわっていたら、私はマユを手伝うだろうに。
→実際は宿題が（ おわった／(おわっていない) ）。

**④** 次の英語を日本語にしましょう。

(1) If I had a lot of money, I would buy a house.
[ もしお金をたくさん持っていたら、私は家を買うだろうに。 ]

(2) If I had a sister, I would go shopping with her.
[ もし姉[妹]がいたら、私は彼女と買い物に行くだろうに。]

---

## 「もし〜なら，…だろうに」

**①** 次の日本語に合うように、＿＿＿に□から適当な語を入れて、英語を完成させましょう。

(1) もし今日晴れていたら、私はテニスをしに行くだろうに。
If it **were** sunny today, I **would** go to play tennis.

(2) もし私があなただったら、体育館に行くだろうに。
If I were you, I **would go** to the gym.

are　would　were　goes　would　go

**②** 次の日本語に合うように、＿＿＿に適当な語を書きましょう。

(1) もし彼女に時間があったら、私は彼女と会えるだろうに。
If she **had** time, I **could meet** her.
[see]

(2) もし私があなたの先生なら、あなたに電話するだろうに。
If I **were** your teacher, I **would call** you.

**③** 次の日本語に合うように、[ ]内の語句や符号を並べかえて、正しい英語にしましょう。ただし、文頭にくる語も小文字で書いてあります。

(1) もし私がネコなら、一日中寝るだろうに。　一日中＝all day
[ I / a cat / if / sleep / I / were / would / , ] all day.
**If I were a cat, I would sleep** all day.

(2) もしジャックがお金をたくさん持っていたら、あの車を買えるだろうに。
[ Jack / money / If / could / he / a lot of / had / buy / , ] that car.
**If Jack had a lot of money, he could buy** that car.

**④** 次の英語を日本語にしましょう。

If I were you, I would practice the piano.
[ もし私があなた（たち）だったら、ピアノを練習するだろうに。]

---

## 「〜ならいいのですが」

**①** 次の日本語に合うように、＿＿＿に□から適当な語を入れて、英語を完成させましょう。

(1) ジャケットを持っていたらよいのですが。
I wish I **had** a jacket.

(2) 外が暖かかったらいいのですが。
I wish it **were** warm outside.

have　had　is　were

**②** 次の日本語に合うように、＿＿＿に適当な語を書きましょう。

(1) 私が車を持っていたらいいのですが。
I **wish** I **had** a car.

(2) 彼が私の先生だったらいいのですが。
I **wish** he **were** my teacher.

**③** 次の日本語に合うように、[ ]内の語句を並べかえて、正しい英語にしましょう。ただし、文頭にくる語も小文字で書いてあります。

(1) ユリが日本にいたらいいのですが。
[ Japan / wish / I / were / Yuri / in ].
**I wish Yuri were in Japan** .

(2) 私に姉がいたらいいのですが。
[ had / wish / I / a sister / I ].
**I wish I had a sister** .

**④** （ ）内の語句を用いて、次の日本語を英語にしましょう。

(1) 私がサッカー選手だったらいいのですが。（ a soccer player ）
**I wish I were a soccer player.**

(2) 彼がカレーの作り方を知っていたらいいのですが。（ how to cook ）
**I wish he knew how to cook curry.**

**1** (1)had　(2)were　(3)would buy　(4)had

解説 (1)仮定法では, ifに続く文では動詞を過去形にする。
(2)仮定法のifに続く文では, be動詞はwereを使う。
(3)〈If ～, ＋主語＋would＋動詞の原形～〉＝「もし～なら, …だろうに」。
(4)〈I wish＋仮定法〉で「～ならいいのですが」を表す。

**2** (1)If, were　(2)had, would
(3)lived, would　(4)I wish　(5)wish, were

解説 (1)「もし私が～だったら」はIf I were ～で表す。
(2)(3)仮定法では, Ifに続く文は過去形, コンマ以降の文では〈would＋動詞の原形〉を使う。

**3** (1)If I had money, I could buy (an expensive watch.)
(2)If it were summer, I would go (to a summer festival.)

(3)I wish you were my teacher (.)
(4)I wish she came here (.)

解説 (1)「もし～なら, …できるだろうに」は〈If＋主語＋動詞(過去形)＋コンマ(,)＋主語＋could＋動詞の原形～〉の語順で表す。
(2)「もし～なら, …だろうに」は〈If＋主語＋動詞(過去形)＋コンマ(,)＋主語＋would＋動詞の原形～〉の語順で表す。
(3)(4)「～ならいいのですが」は〈I wish＋主語＋動詞(過去形)～〉の語順で表す。

**4** (1)もし私がお金持ちだったら, ヨーロッパへ旅行するだろうに。
(2)もし今日晴れていたら, 私たちは釣りに行けるだろうに。
(3)もしケンに時間があったら, 彼はテレビを見るだろうに。
(4)時間がたくさんあったらいいのですが。
(5)彼が親切であったらいいのですが。

解説 (1)rich＝「お金持ちの」, travel to ～＝「～へ旅行する」。
(2)go fishing＝「釣りに行く」。